AF548343

Maren Schönfeld ist Autorin, Journalistin und Lektorin. Seit 2003 unterstützt sie als Schreibcoach (angehende) Autoren und bringt auch Menschen zum Schreiben, die es sich nicht zugetraut hätten. Sie lehrt Schreibhandwerk und begleitet längere Projekte. Ihr spielerischer und niedrigschwelliger Ansatz nimmt Hemmungen und weckt Freude am kreativen und literarischen Schreiben.

Dieser Ansatz löst auch Schreibblockaden bei erfahrenen Autoren. Sie schreibt seit 1990 und hat Lyrik, Erzählungen, Sachbücher und Artikel veröffentlicht. 2017 wurden ihre Gedichte mit dem Lyrikpreis der Hamburger Autorenvereinigung ausgezeichnet.

Maren Schönfeld

Schreib einfach!

Impulse
für kreatives und autobiografisches
Schreiben und für Gedichte

Verlag Expeditionen

Bibliografische Information der Deutschen Nationalbibliothek:
Die Deutsche Nationalbibliothek verzeichnet diese Publikation in der Deutschen Nationalbibliografie; detaillierte bibliografische Daten sind im Internet über www.dnb.dnb.de abrufbar.

Maren Schönfeld
Schreib einfach!
Impulse für kreatives und
autobiografisches Schreiben und für Gedichte
1. Auflage 2020

Umschlagsgestaltung: Birgitta Sjöblom
Umschlagsbild: Detlef Heesch, Zeichnung
Printed in Germany

ISBN: 978-3-947911-43-1

Schreiben ist leicht
Man muss nur
die falschen Wörter weglassen
Mark Twain

Inhalt

KAPITEL 3

Die Welt der Poesie entdecken: einfach Lyrik schreiben

Vorwort

Als ich mit dem Schreiben begann, habe ich einfach angefangen. Ich habe zuvor keine Fachbücher gelesen und kein Studium absolviert, sondern habe aufgeschrieben, was in mir entstand. Das waren Gedichte. Später folgten drei Fernstudiengänge, Arbeit mit Mentoren und Trainern, Weiterbildungen und viel Lektüre. Diese Reihenfolge sorgte dafür, dass ich zuerst meine eigene Stimme fand und mich in meiner Unbedarftheit ganz frei ausprobieren konnte. Auch wenn das Erlernen des Schreibhandwerks anschließend viele Unsicherheiten verursachte, hatte ich doch immer die Erinnerung an diese erste, unbeeinflusste Phase. Deshalb konnte ich mir treu bleiben und trotzdem das Erlernte anwenden.
Mit diesem Buch möchte ich dich dazu einladen, dich ebenfalls auf das Abenteuer Schreiben einzulassen. Fang einfach an! Mach dir keine Gedanken um Kritik und Bewertungen. Damit kannst du dich später beschäftigen, wenn du tatsächlich beim Schreiben bleibst und beginnst, deine Texte zu bearbeiten. Erst einmal geht es darum, zu experimentieren und Freude am Schreiben zu finden. Im Idealfall entdeckst du, ob dir eher Gedichte oder

eher erzählende Texte liegen, findest deine Stimme und schreibst weiter. Oder das Schreiben ist nichts für dich – auch das kannst du mit diesem Buch herausfinden. Schreiberfahrene, die in einer Schreibblockade stecken, haben besonders in der Beschäftigung mit dem ersten Kapitel gute Chancen, die Blockade zu überwinden.

Im ersten Kapitel findest du Impulse, um erst einmal ins Schreiben zu kommen. Querbeet geht es um kurze Gedichte und Geschichten, Beschreibungen, Szenen und verschiedene Schreiborte. Das zweite Kapitel hat Bezug zu deinem Leben, denn unsere Erfahrungen fließen immer ins Schreiben ein. Du wirst sehen, dass sich vieles aus diesem Kapitel auch in andere erzählende Formen wie den Roman oder die Kurzgeschichte übertragen lässt. Das dritte Kapitel ist der Lyrik gewidmet, die mein Tätigkeitsschwerpunkt ist. Wenn dir das Gedicht als Form an sich nicht zusagt, kannst du es dennoch als Wortschatztraining auch für andere Gattungen einsetzen.

Viel Freude beim Entdecken deiner Schreibwelt!

Maren Schönfeld

KAPITEL 1

einfach kreativ schreiben

Ideen, um ins Schreiben zu kommen

In meinen Schreibkursen höre ich oft, dass die Teilnehmerinnen und Teilnehmer sehr gern regelmäßig schreiben möchten. Ihr Alltag lässt jedoch meistens nicht zu, dass sie sich täglich Zeit nehmen, um sich dem Schreiben zu widmen. Am Morgen herrscht Hektik und am Abend des Alltags reicht die Kraft nicht mehr, sich zu konzentrieren. Geht es dir auch so? Dieses Kapitel gibt dir Gelegenheit, mit einem Zeitaufwand von ungefähr einer halben Stunde pro Schreibimpuls einen Text zu verfassen. Eine halbe Stunde Auszeit, z. B. einmal pro Woche, kann man sich vielleicht leichter nehmen als eine tägliche Schreibzeit. Wenn du eine solche Auszeit nehmen kannst, sollen die Impulse dir helfen, ohne Stress ins Schreiben zu kommen.

Bitte gehe nicht mit dem Anspruch an das Schreiben heran, gleich druckreife Texte produzieren zu wollen.

Es geht darum, der Kreativität freien Lauf zu lassen und der ersten Assoziation zu folgen. Versuche, ohne innere Bewertung zu schreiben und nimm an, was dir in den Sinn kommt. Es gibt kein „richtig“ oder „falsch“!

Vielleicht möchtest du dir ein schönes leeres Buch als Schreibkladde für deine Schreibzeiten gönnen?

Oder schreibst du direkt in den Laptop oder den PC? Vielleicht hast du eine gemütliche, ungestörte Ecke, in die du dich zum Schreiben zurückziehen kannst?
Die Schreibimpulse haben teilweise spielerischen, aber auch reflektorischen Charakter. Schreiben kann ausgleichend wirken und dazu beitragen, innere Prozesse zu klären. Vielleicht findest du zum Tagebuchschreiben oder findest deine eigene Methode, wie du dich selbst schreibend unterstützen kannst. Schreibimpulse öffnen Möglichkeiten, in einen Schreibprozess zu kommen. Auch wenn sich die Schreibaufgabe ganz anders anhört als das, was dich bewegt, so wirst du am Ende doch etwas schreiben, was aus dir selbst kommt und mit dir zu tun hat. Der Impuls ebnet nur den Weg für dein Anliegen. Die Texte müssen nicht unbedingt mit dem Schreibimpuls zu tun haben – wenn du etwas ganz anderes schreibst, macht es nichts!
Wenn ich „freier Text" geschrieben habe, meine ich damit, dass du selbst entscheidest, ob du eine Geschichte, ein Gedicht oder etwas anderes schreibst. Die Erzählzeit (Gegenwart oder Vergangenheit) ist dir überlassen.

1
Für mich soll …

Heute beginnt deine Reise durch das kreative Schreiben. Welche Wünsche hast du? Was soll für dich geschehen?
Kennst du das Lied „Für mich soll's rote Rosen regnen", das Hildegard Knef einst sang?
Ein Ausschnitt daraus:

Für mich soll's rote Rosen regnen
mir sollten sämtliche Wunder begegnen
die Welt sollte sich umgestalten
und ihre Sorgen für sich behalten.

Schreibe zehn Zeilen, die mit „Für mich soll" beginnen und formuliere zehn Wünsche.

2
Geschichte zu einer Schlagzeile

Suche dir aus einer Tages- oder Onlinezeitung eine Schlagzeile aus. Schreibe sie als Titelzeile auf. Nun denke dir eine Geschichte aus: Was könnte hinter der Schlagzeile stehen? Wie ist es dazu gekommen? Was wird passieren? Welche Personen sind beteiligt? Wo spielt die Geschichte und wann?

Lasse dir einen Moment Zeit, die Geschichte zu entwickeln, und notiere ggf. einige Stichpunkte. Dann schreibe die Geschichte auf.

3
Dialog zu einem Bild

Suche ein Bild, auf dem zwei Menschen zu sehen sind. Nun denke dir einen Dialog zwischen den beiden Leuten aus und schreibe diesen auf. Du kannst es entweder so anlegen, dass du den Sprechenden Namen gibst und diese jeweils links vor die wörtliche Rede setzt; oder du beschreibst eine kleine Szene und baust die wörtliche Rede ein (z. B. „Da bin ich anderer Ansicht“, sagte Anna und strich sich eine Haarsträhne aus der Stirn.)

4
Haiku

Das Haiku ist ein aus Japan stammendes kurzes Gedicht. Traditionell hat es einen Naturbezug, aber in moderner Form kann es auch offener sein und Beobachtungen enthalten, die man z. B. auf der

Straße macht. Das Haiku gibt immer einen Augenblick wieder. Für innere Monologe oder allgemeine Stellungnahmen hat es keinen Raum. Im Haiku soll ein Augenblick mitgeteilt werden, ohne diesen zu interpretieren.
Das Haiku besteht in der deutschen Sprache aus zehn bis siebzehn Silben, die meistens in drei Zeilen angeordnet sind. Sehr häufig wird das Schema 5-7-5 Silben propagiert, wie du es im Textbeispiel sehen kannst. Davon kannst du dich jedoch lösen, auch wenn es für den Anfang eine ganz gute Struktur ist. Du musst keine Artikel einbauen, damit du auf 17 Silben kommst.

5 Silben	Die Uhr umgestellt
7 Silben	öffnen sich die Knospen nun
5 Silben	ein bisschen schneller?
oder:	Suchende Amsel
	zwischen Krokussen
	schleicht die Katze.

Zunächst kannst du Jahreszeitenwörter (jap. Kigo) sammeln. Was ist typisch für die jeweilige Jahreszeit? Welche Pflanzen gibt es? Welche Bräuche?
Vielleicht hast du Lust, zum Schreiben hinauszugehen. Sieh dir die Natur an. Wie sehen die Bäume aus? Wie riecht die Luft? Welche Tiere beobachtest

du? Versuche dich einmal mit dem Haiku. Achte darauf, nicht zu viel in einem Haiku unterbringen zu wollen - schreibe lieber ein paar Haiku und konzentriere dich auf eine Begebenheit pro Gedicht.

5
Das ist ja wieder typisch!

Du kennst Leute, die ganz typisch sind. Wenn sie etwas Bestimmtes tun, sagst du, dass dieses nun typisch ist für diejenige oder denjenigen. Suche dir aus den unten genannten typischen Charakteren einen aus (oder weißt du einen anderen?) und beschreibe eine Alltagssituation, wie dieser typische Charakter sie erlebt (z. B. Frühstück, erster Urlaubstag, Szene am Arbeitsplatz, beim Einkauf oder ein Restaurantbesuch). Du kannst ihm/ihr natürlich gern einen Namen geben.

Typische Charaktere:

- Lebemann / Lebefrau
- Geizhals
- Hipster
- Angsthase
- Draufgänger/in
- besorgte Mutter
- Nerd
- Gigolo

6
Bessere Hälfte gesucht …

Suche eine Bekanntschaftsanzeige aus einer Zeitung oder ein Profil im Internet heraus. Nun denke dir eine Geschichte dazu aus.
Wie kam es dazu, dass die Anzeige aufgegeben, das Profil angelegt wurde? Wer wird sich wohl melden? Was wird passieren? Warum ist diese Person auf der Suche?
Du hast bei diesem Impuls zwei Möglichkeiten: Entweder schreibst du aus der Perspektive der/des Inserierenden oder aus der der/des Antwortenden.

7
Dein schöner Ort

Nimm dir etwas Zeit und suche dir einen gemütlichen Platz. Setze dich bequem hin und schließe die Augen. Nun stelle dir einen Ort vor, an dem du schon einmal warst. Das kann ein Urlaubsort sein, ein Ort aus deiner Kindheit, ein weit entfernter Ort oder auch ein Ort in nächster Nähe, zum Beispiel dein Lieblingsplatz in der Wohnung. Stelle dir den Ort ganz genau und mit allen Sinnen vor, als wärest du wieder dort.

Wie sieht es aus? Wonach riecht es? Ist es kalt oder warm? Kannst du etwas anfassen oder fühlen? Welche Geräusche hörst du?
Nun beschreibe diesen Ort so, als würdest du jemandem davon erzählen.

8
Was du schon immer sagen wolltest

Entscheide dich für ein Thema, das dich berührt. Es kann ein persönliches oder ein gesellschaftliches Thema sein. Schreibe den inneren Monolog auf, den du über dieses Thema führst – so, als hieltest du eine Rede!

9
Elfchen

Ein Elfchen ist ein Gedicht, das aus elf Wörtern besteht. Die Wörter sind so angeordnet, wie du es in der linken Spalte siehst. Rechts siehst du ein Beispiel. Am besten geht es, wenn du als erstes Wort ein Tier, eine Pflanze oder eine Farbe wählst. Vielleicht dein Lieblingstier, deine Lieblingsfarbe? Die

zweite und dritte Zeile sollen das Auftaktwort etwas mehr ausführen und beschreiben. In der dritten Zeile kann eine Aktion folgen oder der Bezug zu einem „Ich“ hergestellt werden. Das letzte Wort ist wie ein kleines Fazit.
Zum Einüben kannst du jetzt ein Elfchen mit deiner Lieblingsblume schreiben, wie du es im Beispiel siehst.

1. Zeile:	1 Wort:	Gerbera
2. Zeile:	2 Wörter:	fast cremefarben
3. Zeile:	3 Wörter:	stolz und sonnengleich
4. Zeile:	4 Wörter:	ich kaufe sie donnerstags –
5. Zeile:	1 Wort:	Hausgenossin

Dann löse dich von den ersten Hilfswörtern und übertrage die Form:
Halte den heutigen Tag in Elfchenform fest:
Schreibe eines am Morgen, das ausdrückt, wie du den Tag beginnst.
Entweder, was du tust oder welcher Stimmung du bist.
Dann eines am Mittag und eines am Abend als Tagesfazit. Du kannst das Wort „Morgen“ als erstes Wort nehmen oder ein beliebiges anderes.
Überlege einmal, ob du für eine Weile täglich ein Elfchen als Tagesfazit schreiben möchtest!

10
So hättest du es geschrieben …

Suche eine kurze Buchbeschreibung oder Rezension heraus. Nun schreibe eine kurze Geschichte, für die diese Beschreibung eine Inhaltsangabe sein könnte.

11
Was macht die Person an diesem Ort?

Du hast bereits einen typischen Charakter und einen Ort, an dem du warst, beschrieben. Jetzt nimm diese beiden Texte und erfinde eine kleine Geschichte, in der dein typischer Charakter an deinem Ort etwas tut oder erlebt.

12
Kaffeehausgeschichte

Setze dich an einen Tisch in einem Café, an dem du den Raum gut im Blick hast. Schaue dich unauffällig um: Warum ist er/sie wohl hier? Wie begann sein/ihr Tag? Wie wird sein/ihr Tag weitergehen?

Beschreibe auch schriftlich das Äußere der Gäste. Bringe zwei oder drei miteinander in Verbindung, denke dir eine Geschichte aus und schreibe sie auf.

13
Im Dialog mit Rilke

Lies dir das folgende Gedicht durch:

DAS ROSEN-INNERE
Wo ist zu diesem Innen
ein Außen? Auf welches Weh
legt man solches Linnen?
Welche Himmel spiegeln sich drinnen
in dem Binnensee
dieser offenen Rosen,
dieser sorglosen, sieh:
wie sie lose im Losen
liegen, als könnte nie
eine zitternde Hand sie verschütten.
Sie können sich selber kaum
halten; viele ließen
sich überfüllen und fließen
über von Innenraum
in die Tage, die immer
voller und voller sich schließen,
bis der ganze Sommer ein Zimmer
wird, ein Zimmer in einem Traum.

Rainer Maria Rilke, 1875-1926

Lies das Gedicht erst leise und dann laut! Lass es einen Moment lang auf dich wirken und überlege, wie dein Zimmer in einem Traum aussehen könnte. Beschreibe dein Zimmer in einem Traum als Gedicht oder freien Text.

14
Vom Bild zum Wort

Entscheide dich für ein gemaltes oder gezeichnetes Bild. Vielleicht hängt eines in deiner Wohnung oder du hast gerade im Museum oder im Internet ein ansprechendes Bild gesehen. Schreibe jetzt zu dem Bild alles auf, was dir einfällt, und bilde dann daraus ein kleines Gedicht oder eine kurze Geschichte. Wenn du das Bild auf Postkarte hast, kannst du es in deine Kladde kleben. Oder du fotografierst bzw. druckst das Bild und schreibst deinen Text dazu, rahmst das Ganze und hängst es in dein Zimmer.

15
Schreib dir doch mal!

Hast du dir schon einmal einen Brief geschrieben? Überlege, was in deinem Leben gut war und was nicht so gut. Auf was bist du stolz und was möchtest du dir selbst vergeben? Was wünschst du dir für die Zukunft? Bitte schreibe nicht länger als eine Viertelstunde! Stell dir einen Wecker und höre wirklich auf, wenn er klingelt.

Dann klebe den Brief zu und hebe ihn ein Jahr auf – oder gib ihn einer Vertrauensperson, die ihn aufhebt. Nach einem Jahr lässt du dir den Brief schicken bzw. öffnest ihn.

16
Von der Werbung inspiriert

Nimm eine Zeitschrift, vielleicht deine Fernsehzeitung, und suche eine Werbung heraus. Oder schaue Dir ein paar Werbespots im Fernsehen an. Vielleicht findest du eine für Lebensmittel?
Nun denke dir dazu einen Text aus. Du kannst eine Geschichte schreiben oder auch ein kleines Gedicht. Wenn du ein Gedicht schreiben möchtest, kannst du dir ein Wort aus der Anzeige als erstes oder letztes Wort des Gedichts aussuchen.

17
Dich rühme ich, oh …!

Wenn du spazieren gehst, bringe etwas aus der Natur mit. Oder hole einen Gegenstand aus deinem Garten. Nun sind dir keine Grenzen gesetzt! Rühme den Gegenstand mit großen Worten! Sprich ihn mit „du“ an und teile ihm überschwänglich mit, was er dir bedeutet.

18
Mein Schreibplatz

Wo schreibst du? Zu Hause, am Schreibtisch, im Sessel? Im Wintergarten? Oder gehst du lieber in ein Café? Beschreibe deinen Schreibplatz mit allen Sinnen. Stell‘ dir vor, du sollst jemandem diesen Platz beschreiben, der ihn nicht selbst aufsuchen kann.

19
Eine Reise, die du noch nicht unternommen hast

Du darfst auf eine Reise gehen – in deiner Fantasie! Suche dir einen Ort aus, den du gern einmal kennenlernen möchtest. Du kannst über diesen Ort im

Internet ein paar Informationen heraussuchen oder dir einfach vorstellen, wie dieser Ort sein wird. Schreibe auf, wie du an den Ort reist und was du dort erlebst. Beschreibe den Ort mit allen Sinnen.

20
Post aus dem Mittelalter

Dû bist mîn, ich bin dîn:
des solt dû gewis sîn;
dû bist beslozzen in mînem herzen,
verlorn ist daz slüzzelîn:
dû muost och immer darinne sîn.

Unbekannte Dichterin, etwa 1200

Das Gedicht ist in mittelhochdeutscher Sprache geschrieben und wurde vermutlich von einer hochgestellten Dame an ihren Lehrer, einen Geistlichen, gesandt. Es ist als eher geistige Liebeserklärung gemeint.
Sieh dir dieses alte Gedicht in Ruhe an. Nun versuche, eine Antwort als Gedicht zu schreiben, natürlich in heutiger Sprache. Du kannst dich dabei an die vorgegebenen Zeilen und Worte halten oder ganz frei antworten.

21
Zwischen erstem und letztem Satz

Nimm einen Roman aus deinem Bücherregal. Nun schreibe den ersten und den letzten Satz ab und erfinde eine kurze Geschichte, die zwischen die Sätze passt.

22
Ein Rezept gegen Liebeskummer

Du sollst ein Rezept gegen Liebeskummer erfinden. Schreibe es ruhig wie ein Kochrezept, erst die Zutatenliste und dann die Zubereitung.
Man nehme:

- 1 Portion Frohsinn
- 1 Tafel Schokolade
- 1 Topf Toleranz
- ...

23
Im Dialog mit Bettina von Arnim

Lies das folgende Gedicht und lasse es auf dich wirken:

Wer sich der Einsamkeit ergibt

Wer sich der Einsamkeit ergibt,
Ach der ist bald allein;
Ein jeder lebt, ein jeder liebt
Und lässt ihn seiner Pein.

Wer sich dem Weltgewühl ergibt,
Der ist zwar nie allein.
Doch was er lebt und was er liebt,
Es wird wohl nimmer sein.

Nur wer der Muse hin sich gibt,
Der weilet gern allein,
Er ahnt, dass sie ihn wieder liebt,
Von ihm geliebt will sein.

Sie kränzt den Becher und Altar,
Vergöttlicht Lust und Pein.
Was sie ihm gibt, es ist so wahr,
Gewährt ein ewig Sein.

Es blühet hell in seiner Brust
Der Lebensflamme Schein.
Im Himmlischen ist ihm bewusst
Das reine irdsche Sein.

Bettina von Arnim, 1785-1859

Du kannst nun entweder eine Zeile aus dem Gedicht nehmen und zu dieser Zeile ein neues Gedicht schreiben. Oder du überlegst, welche Bedeutung das Alleinsein heute hat, für dich und vielleicht für andere. Schreibe ein eigenes Gedicht. Es muss sich nicht reimen.

24
Alles, was blöd ist

Schreibe ein Gedicht, in dem du zeilenweise aufführst, was dir nicht gefällt: im Beruf und im Privatleben. Lasse einmal deinen „bösen" Gedanken freien Lauf! Später kannst du vielleicht darüber schmunzeln.
Bitte schreibe nicht länger als eine Viertelstunde!

25
Wort- und Bildcollage

Nimm einen Werbeprospekt für Lebensmittel. Solche Prospekte fliegen dir vermutlich mehrmals pro Woche in den Briefkasten.
Suche originelle Worte heraus, schreibe sie ab und

bilde daraus ein extravagantes Gedicht, indem du auch eigene Worte hinzufügst. Du kannst auch eine Collage aus einer Zeitschrift kleben, Bilder und Worte oder Zeilen gemischt. Wenn du diese Collagen sammelst, hast du immer eine Schreibanregung parat.

26
Tratschen für die Literatur

Stell dir vor, du sprichst mit einer Freundin oder einem Freund über eine Person, die ihr beide kennt. Lästert ihr über sie oder bewundert ihr die Person? Schreibe den Dialog auf, den ihr zwei führt. Gib real existierenden Personen andere Namen!

27
Perspektivwechsel

Du hast mittlerweile schon mehrere kleine Geschichten oder Szenen geschrieben. Suche dir nun eine davon aus.
Hast du diese in Ich-Form geschrieben? Dann

schreibe sie um in die Autorenperspektive, die Er-Form. Du kannst Namen vergeben, dann ist es einfacher. Oder hast du in der Autorenperspektive geschrieben? Dann schreibe den Text um in die Ich-Form. Stelle beide Texte anschließend gegenüber und lasse sie auf dich wirken. Welche Unterschiede fallen dir auf?

28
Ich bin ein Stein

Unternimm einen kleinen Spaziergang und bringe von draußen einen kleinen Stein mit. Lege diesen vor dich hin und stell dir vor, der Stein könnte dir erzählen, was er bisher erlebt hat. Schreibe aus der Sicht des Steins einen Text in Ich-Form.

29
Postkartentexte

Du hast bestimmt irgendwo Postkarten herumliegen, die dir geschrieben wurden. Suche dir eine aus und erfinde eine Geschichte dazu. Denke daran, den Ort mit allen Sinnen zu beschreiben. Was du nicht weißt, denkst du dir aus. Du kannst auch

Haiku, Elfchen oder freie Gedichte zu Postkarten schreiben.

30
Es war einmal ... und später?

Du kennst bestimmt ein Märchen. Wenn nicht, hole dir aus der Leihbücherei ein Märchenbuch oder suche im Internet nach Märchen. Wähle eines aus und schreibe es weiter. Beginne mit den Worten: „Und als zehn Jahre vergangen waren ...“

31
Was machst du aus einem Wort?

Suche dir aus den Wörtern unten eines aus. Schreibe darüber, was das Wort dir bedeutet.

- Erkenntnis
- Wunsch
- Freude
- Ehrgeiz
- Entwicklung
- Erfüllung
- Wege
- Reichtum
- Nachsicht

32
Farbe & Wort

Nun hast du verschiedene Schreibimpulse ausprobiert. Vielleicht hat der eine oder andere Impuls dich zu mehr inspiriert. Halten wir zum Schluss einmal inne. Sieh dir deine Haiku und Elfchen an, suche dir eines aus, das dir besonders gefällt oder schreibe ein neues. Schreibe den Text auf ein größeres Blatt und gestalte es farblich oder mit einer Zeichnung. Vielleicht kannst du es dir irgendwo aufstellen? Dann wird es dich immer daran erinnern, wie bereichernd es ist, eine kreative Auszeit zu nehmen.

KAPITEL 2

Wie aus dem echten Leben: einfach autobiografisch schreiben

Eigentlich müsste man das aufschreiben!

Hast du das auch schon mal gedacht? Hast du oder hat jemand aus deiner Familie, deinem Freundeskreis etwas Besonderes erlebt oder führt er oder sie ein verrücktes Leben? Sagen wir nicht oft spontan „Das musst du aufschreiben!“, wenn wir etwas davon hören? Und wenn du es wirklich tust? Direkt nach diesem Gedanken kommen dir wahrscheinlich die ersten Unsicherheiten: Kannst du dich wirklich genau erinnern? Sollen deine Leser alles wissen? Darfst du etwas weglassen oder musst du alles exakt aufschreiben? Und wie sollst du anfangen?

Dieses Kapitel geht kreativ und gleichzeitig strukturiert an das autobiografische Schreiben heran. Du kannst probieren und studieren, deine eigene Ordnung finden und schreiben, was dir am Herzen liegt und „raus muss“. Du bekommst einige Tipps für die Recherche.

Autobiografisch zu arbeiten bedeutet immer auch Konfrontation. Du gehst noch einmal zurück in andere Phasen deines Lebens oder in das Leben deiner Eltern, deiner Freunde. Vielleicht sind es schöne Erinnerungen, vielleicht schmerzen sie. Deshalb gibt es einige Tipps, wie du mit leidvollen Erinnerungen umgehen kannst. Bitte bedenke, dass dieses Buch keinen therapeutischen Ansatz hat,

auch wenn die Poesietherapie erwähnt wird.
Die Schreibimpulse habe ich in 14 Jahren Unterricht in der Erwachsenenbildung mit sehr verschiedenen Menschen erprobt. Ich gehe dabei von der Mehrheit meiner Kursteilnehmer aus, die ihre Erlebnisse in Erzählform aufschreiben möchten. Trotzdem ist möglicherweise nicht alles für dich geeignet. Suche dir von den Impulsen diejenigen aus, mit denen du gut arbeiten kannst. Solltest du lieber mit Gedichten experimentieren, findest du auch dazu Anregungen. Und wenn du dich auf einen Schreibimpuls einlässt, mit dem du anfangs gar nicht viel anfangen kannst, öffnet sich womöglich eine unentdeckte kleine Welt.
Auch wenn du nicht über dich, sondern über jemand anderes bzw. einen ganz anderen Text, z. B. eine Chronik über einen Ort, schreiben möchtest, wirst du keine Mühe haben, die Impulse entsprechend anzuwenden.
Experimentiere frei mit den Impulsen, wie es dir gefällt. Bist du bei schwierigen Themen oder nimmt das Schreiben dich mit, dann stelle dir einen Wecker und schreibe nicht länger als eine Viertelstunde. Wenn der Wecker klingelt, höre sofort auf und widme dich anderen Dingen: Gehe spazieren oder erledige die Bügelwäsche, damit du auf andere Gedanken kommst. Am nächsten Tag wirst du mit neuem Elan an dein Projekt gehen.

Der erste Impuls oder Was treibt dich an?

Zu irgendeinem Zeitpunkt gab es eine Initialzündung, die dich dazu bewegt hat, jetzt etwas über dich, deine Erlebnisse und Gedanken schreiben zu wollen. Du trägst dich wahrscheinlich schon eine ganze Weile mit der Idee, aber etwas hielt dich davon ab. Vielleicht hast du Angst, Menschen zu verletzen oder zu verärgern. Vielleicht denkst du, dass du dich nicht hundertprozentig genau an das Erlebte erinnern kannst. Thomas Mann schrieb: „Die Hemmung ist des Willens bester Freund.“[1] Dein Wunsch zu schreiben ist stark, aber die Hemmung ist genauso stark. Jetzt musst du in dich lauschen und abwägen, was schwerer wiegt. In einem Seminar, an dem ich teilnahm, hat Walter Kempowski einmal die Motivation zum Schreiben und die Entstehung eines Werks beleuchtet.

Diese Analyse hat mich geprägt und mir bei meinen Schreibprojekten geholfen, sodass ich sie in meinen Worten an dich weitergeben möchte. Grundlage der Überlegungen war der Ausspruch von Thomas Mann. Zunächst geht es um den ersten Impuls, den Willen. Es ist gut, sich darüber klar zu werden, was die eigene Initialzündung für die Entscheidung zum

[1] Mann, Thomas: *Fiorenza*, Frankfurt: Fischer 1911, S. 163.

autobiografischen Schreiben gewesen ist. Denn je besser du deine Motivation verstehst, desto klarer wirst du dein Projekt strukturieren können. Sei dabei immer achtsam und beobachte, wie es dir damit geht. Plane ausreichende Pausen ein, in denen du in die Natur gehen oder etwas mit den Händen machen kannst. Das kann auch Hausarbeit sein! Wichtig ist, dass du dich immer wieder ein bisschen von deiner Geschichte distanzierst und auf andere Gedanken kommst, um danach mit frischer Energie weiterzumachen.

Viele Autorinnen und Autoren haben in einer besonders deprimierten oder leidvollen Lebensphase mit dem Schreiben begonnen, denn es muss schon ein starker Impuls sein, um die Konfrontation, die Arbeit des Schreibens, auf sich zu nehmen. Die Hemmung hält uns erst einmal zurück. Überwinden wir sie, werden wir uns zunächst mit unseren Erinnerungen beschäftigen. Im großen Kreis der Erlebnisse erinnern wir uns an kleine Kreise von Einzelheiten. Dabei werden alle Sinne stimuliert. Beschreibungen von Personen und Schauplätzen kommen hinzu. Nun folgt die Recherche: Vielleicht lesen wir in alten Zeitungen nach oder fragen Zeitzeugen. Und ob wir wollen oder nicht: Jede unserer Erinnerungen ist mit Fantasie und Unbewusstem angereichert, jede Erinnerung ist emotional gefärbt – und das macht sie einzigartig.

Nun kommen wir zur Gattung des Projekts. Möchtest du ein Gedicht schreiben oder lieber eine Erzählung? Oder wäre ein Hörspiel für dich das Richtige? Möglicherweise hast du die Entscheidung längst getroffen. Falls nicht, kannst du dir einige Beispiele für die jeweilige Gattung anschauen und dir damit eine Entscheidungshilfe geben.

Dein Stil, Wortschatz und deine Ausdrucksweise prägen dein Projekt. Auch deine Arbeitsstruktur nimmt Einfluss. Vielleicht hast du Unterstützung beim Schreiben und Recherchieren, sodass jemand mitarbeitet, der/die das Projekt ebenfalls ein bisschen prägt. Dieser ganze Vorgang ist eingebettet in Theorie und Reflexion. Das schriftstellerische Handwerk und die Tricks, mit denen du deine Erinnerungen aus dir hervorholst, kommen mit deinen ganz persönlichen Erlebnissen und Erfahrungen, vor allem aber deinen Erkenntnissen aus dem Erlebten zusammen.

Du wirst es auch mit deiner kulturellen Heimat und deinem Inneren zu tun bekommen. Und so banal es auch klingen mag: Störungen von außen, zum Beispiel das Klingeln des Telefons, können dich aus dem Schreibfluss reißen. Oder es geht dir mitunter nicht gut und du kannst dein Projekt einfach nicht mehr sehen. Du bist kritisch mit dir – und andere werden es auch sein. Egal, was dir widerfahren wird: Erinnere dich an deinen ersten Impuls.

Lass dich nicht entmutigen und hetze dich nicht. Schreiben ist eine Geduldsprobe, aber gleichzeitig eine Chance, dir selbst näher zu kommen und mit unverarbeiteten Erlebnissen oder Beziehungen Frieden zu schließen. Schreibe in deinem eigenen Tempo mit den gebotenen Pausen, aber auch der nötigen Disziplin. Vielleicht magst du eine feste Schreibzeit haben oder dein Projekt ganz frei nach Lust und Laune immer dann weiterführen, wenn du Zeit hast und dir danach ist. Wichtig ist nur, dass du es nicht ganz aus den Augen verlierst, damit du nicht alles vergisst und dann wieder von vorn anfangen musst – das könnte demotivierend sein. Wenn du wissen möchtest, wie Walter Kempowski selbst seine Erlebnisse in einen Roman einfließen ließ, empfehle ich dir die Lektüre des Tagebuchs „Sirius“ und dazu den Roman „Hundstage“, in dem Kempowski einen Teil des Tagebuchs verarbeitet hat.

Nachdem wir uns etwas allgemeiner mit den Impulsen, Hemmungen und Einflüssen rund um das autobiografische Schreiben beschäftigt haben, soll es nun endlich losgehen mit deinem eigenen Projekt.

Natürlich kannst du einiges dafür tun, dass in deiner autobiografischen Geschichte „alles stimmt". Du kannst Zeitzeugen befragen und für allgemeinere Informationen in Archiven und im Internet recherchieren. Hast du schon mal deine Familienmitglieder nach einem besonderen Ereignis eurer gemeinsamen Vergangenheit befragt? Wenn ja, weißt du, dass es immer mehrere Versionen derselben Geschichte gibt. Denn unser Gedächtnis ist nicht so zuverlässig, wie wir glauben. Es verdrängt unangenehme Erlebnisse und schmückt andere aus. Im Rahmen des Forschungsgebietes der „False Memories", werden Experimente mit Probanden durchgeführt. So wurden ihnen zum Beispiel von Experten Fotos gezeigt, auf denen der jeweilige Proband als Kind auf einer Heißluftballonfahrt zu sehen ist. Das Kinderfoto war aber – was der Proband nicht wusste – erst nachträglich per Computer in das Bild eingebaut worden. Die Hälfte der Befragten gab an, sich an die spannende Ballonfahrt zu erinnern, schilderte sogar detailliert dieses Ereignis, das er oder sie gar nicht erlebt hatte![2] Die amerikanische

[2] Löffler, Constanze: „Was sind eigentlich … falsche Erinnerungen?" in: *emotion*, Juni 2008, S. 90-92.

Gedächtnisforscherin Elizabeth Loftus hat umfangreich zu dem Phänomen „False Memories" geforscht und anhand zahlreicher Beispiele belegt, dass unsere Erinnerung immer „verfälscht" ist. Für deinen autobiografischen Text geht es also nicht darum, die Erlebnisse wahrheitsgetreu zu schildern, sondern auf der Basis deiner Erfahrungen und Erkenntnisse einen literarischen Text, etwa eine Erzählung zu schreiben. Diese Erkenntnis ist erleichternd, denn du kannst dich von dem Anspruch verabschieden, alles minutiös, lückenlos, chronologisch und der vermeintlichen „Wahrheit" entsprechend korrekt zu schildern. Natürlich kannst du, sofern vorhanden, deine Tagebücher zu Hilfe nehmen, dich aber in der Verarbeitung auch wieder von deiner dort festgehaltenen „Wahrheit" lösen.

Worüber könntest du sofort schreiben?

Wenn du ein Blatt Papier nimmst und dir diese Frage stellst, fallen dir eventuell spontan gleich mehrere Themen oder Ereignisse ein. Oder du sitzt vor dem leeren Blatt Papier und alles ist wie weggeblasen.

Überlege dir, welche gravierenden Phasen und

wichtigen Momente es in deinem Leben gegeben hat. Fang dort an, wo dir die erste Idee kommt. Deine Einschulung, die Trennung deiner Eltern, dein erster Tag in deiner Ausbildung oder eine herrliche Reise? Möglicherweise hast du auch eine Sonnenfinsternis erlebt oder warst auf einer politischen Demonstration.

Nun ist nicht nur von Belang, was sich ereignete, sondern auch, wann es war und was zu diesem Zeitpunkt Zeitgeschichtliches passierte. Und das Wichtigste ist, was du daraus gelernt hast, wie es dich geprägt und vielleicht sogar dein Leben verändert hat. Denn da wir alle hier in unserem Kulturkreis ähnliche Stationen durchlaufen haben, wird die Erinnerung erst interessant für Dritte, wenn sie mit der Reflexion in Verbindung tritt. Dann erreichst du deine Leserinnen und Leser, weil sie automatisch reflektieren, wie es ihnen ergangen ist oder wäre.

Notiere also den Zeitpunkt, das Ereignis und einen reflektierenden Gedanken, eventuell auch ein zeitgeschichtliches, gesellschaftliches Ereignis, das parallel stattfand. Vermutlich wird dir beim Aufschreiben des einen Ereignisses oder Themas schon das nächste einfallen. Notiere ohne Druck, solange die Ideen sprudeln. Dann lege das Ganze beiseite und widme dich anderen Dingen, damit du nicht in der Vergangenheit versinkst.

Ein imaginäres Gespräch

Stelle dir ein Gespräch mit einem Menschen vor, den du noch nicht lange kennst. Ihr möchtet euch besser kennenlernen und euch näherkommen. Bestimmt werdet ihr euch viele Fragen stellen. Solche Fragen kannst du dir selbst ebenfalls stellen, um deinem autobiografischen Text mehr Kontur zu geben. Gab es in der Zeit deiner Geburt ein wichtiges Ereignis in deiner Familie oder in der Gesellschaft? In welchem Ort bist du aufgewachsen und wie hat er dich geprägt? Hast du Geschwister? Erzähle dir gewissermaßen selbst, mit welchen Empfindungen du deine Kindheit verbracht hast. Gab es ein vorherrschendes Gefühl wie Angst oder Freude? Fühltest du dich frei? Möchtest du noch einmal Kind sein? Warum oder warum nicht? Beschreibe deinen Lieblingsplatz als Teenager. Was war dir damals wichtig? Hast du dich für eine Sache engagiert? Wie alt warst du bei deiner ersten Liebe? Wenn du die Orte deiner Kindheit aufsuchst, entweder in der Vorstellung oder in der Realität, können Erinnerungen freigesetzt werden. Kehrt man als Erwachsener in ein Haus zurück, das man als Kind kannte, wird man in aller Regel staunen, wie klein plötzlich alles aussieht – denn damals kam es einem riesig vor. Vielleicht hast du selbst Kinder,

die dir Fragen nach deiner Kindheit stellen?
In unserer Zeit ist der technische Fortschritt ein spannendes Thema. Was haben die Kinder heute, was du als Mädchen oder Junge noch gar nicht kanntest? Und was war in deiner Kindheits- und Jugendzeit eine neue Erfindung?
Ein weiteres interessantes Thema ist die Veränderung der Arbeitswelt. Arbeitest du noch in dem Beruf, den du erlernt hast? Oder gehst du heute einer ganz anderen Tätigkeit nach? Gibt es deinen erlernten Beruf noch? Wie hat sich dein Arbeitsalltag in den letzten zehn Jahren verändert?
So kannst du die einzelnen Lebensabschnitte betrachten. Vielleicht ist jemand da – ein Verwandter oder eine Freundin –, mit dem du so einen Fragenkatalog durchsprechen kannst. Solche Gespräche – und auch sich selbst gestellte Fragen – können dir bei deiner Erinnerung auf die Sprünge helfen. Du kannst den Effekt mit dem Betrachten alter Fotos, dem Lesen von Urlaubspostkarten und alten Tagebüchern verstärken.

Das ABC deines Lebens

Eine gute Möglichkeit, spielerisch eine erste Ideensammlung anzulegen, ist das Abecedarium, eine einfache lyrische Form. Du schreibst das Alphabet senkrecht untereinander und füllst dann die Zeilen mit Wörtern auf, die mit dem jeweiligen Buchstaben beginnen und die irgendwie mit dir zu tun haben. Oder du kannst ein Abecedarium mit deinen Lieblingsgerichten schreiben oder es aus Wörtern komponieren, die du mit einer besonderen Reise oder Liebe verbindest. Hier ein Beispiel dafür, wie ein Abecedarium mit dem Thema „Altes Land", dem Obstanbaugebiet meiner norddeutschen Heimat, beginnen könnte:

A pfelbaumplantagen, Apfelbrot
B utterkuchen
C
D eich, Dekoration
E lbe, Enge
F allobst, Freude
...

Schreibe zunächst das ganze Alphabet untereinander auf und beginne dann bei den Buchstaben, zu denen dir spontan etwas einfällt. Wenn du bei einem Buchstaben nicht gleich eine Idee hast, lass ihn einfach aus. Überlege nicht lange, sondern schreibe schnell und impulsiv. Wähle möglichst nur drei Wörter pro Anfangsbuchstaben, damit es übersichtlich bleibt. Probiere es einmal und du wirst sehen, dass sich eine erstaunliche Struktur ergibt, die auch eine Essenz für deinen Text sein kann. Auf diese kleine Gedichtform kannst du immer wieder zurückgreifen – zum Beispiel, wenn du an einer Stelle deines Projektes ins Stocken gerätst.

Alles hintereinander weg – oder wie?

Wenn du deine autobiografische Erzählung mit deiner Geburt beginnst und dann den anschließenden Lebensweg strukturierst, fällt dir unwillkürlich der ungeliebte Schulaufsatz ein. Zudem ist es wegen der lückenhaften Erinnerungen sehr schwer, chronologisch zu erzählen. Ich empfehle dir deshalb, aus deiner Ideensammlung ein Thema oder Erlebnis auszuwählen, das du ohne Probleme ausführlich erzählen kannst. Nimm dir Zeit und schildere das Erlebnis so, als würdest du jemandem davon berichten. Denke daran, dass deine Leserinnen deine Orte und deine Menschen nicht kennen, und beziehe alle Sinne in deine Erzählung ein. Verfahre nach und nach mit allen Punkten deiner Ideensammlung so und lege dir eine bunte Sammlung an. Du kannst sie entweder auf dem Papier festhalten oder im Computer. Es gibt spezielle Programme für Autoren, die du im Internet findest.

Auf diese Weise werden aus deinen Ideen Szenen, die du später kombinieren kannst. Vermutlich wird sich im Laufe der Entstehung dieser Szenen schon die konkretere Form deines Projektes herauskristallisieren. Falls du also zu Beginn noch keine konkrete Vorstellung hast – umso besser! So bleibst du offen für das, was sich aus dem langsamen Erarbeiten ergeben wird. Was du jetzt schreibst, ist noch kein fertiger Text. Später, wenn du einige Szenen gesammelt und kombiniert hast, wirst du alles noch einmal lesen und überarbeiten. Vielleicht möchtest du dir zu dem Zeitpunkt Hilfe von einem professionellen Lektorat holen oder lässt eine dir nahestehende Person deinen Text einmal lesen.

Die Zeitlinie

Wenn du schon einige Fragmente geschrieben hast, kann es sinnvoll sein, sich über den Zeitraum Gedanken zu machen, in dem dein Text spielen soll. Geht es um einen Lebensbericht, die Schilderung einer Lebensphase oder einer besonderen Reise? Eine Hilfe dafür ist die Zeitlinie. Wähle ein Fragment aus deinen Szenen und verorte es auf der Zeitlinie mit der Notiz „Jetzt“. Überlege, welcher

Zeitraum vor und nach diesem Fragment in deinem Text vorkommen soll. Verorte dann „Jetzt“ mit deinem Fragment an dem entsprechenden Punkt auf der Zeitlinie. Nun kannst du die Ereignisse vor und nach dem „Jetzt“-Fragment hinzufügen. Zeichne die Linie auf ein DIN A 3-Blatt. Diese Visualisierung kann dir später beim Schreiben immer wieder helfen, dich zu orientieren.
Hier findest du eine Visualisierung am Beispiel einer Reisegeschichte. Ausgehend von der Sehnsucht oder Überlegung, ein weiteres Mal nach Malaysia zu reisen (Jetzt), ist die Rückblende zur bereits erfolgten Reise eingetragen, dann das Ereignis, das den Anstoß für die Überlegung gab (Diese Woche). Es gibt eine Erinnerung an ein besonderes Erlebnis (Jener Tag), das zwischen „Jetzt“ und „Vor zwei Jahren“ liegt, nämlich die Ankunft in Malaysia bei der vorigen Reise. Ohne Einzelheiten auszuführen, weißt du nun, dass die Zeitspanne der hier geplanten autobiografischen Erzählung sich in einem Zeitraum von ungefähr drei Jahren abspielen dürfte:
Die bereits erfolgte Reise vor zwei Jahren, nun der Brief der Urlaubsbekanntschaft und schließlich die Überlegung, ob eine erneute Reise erfolgen soll oder ob und wie es mit einer Brieffreundschaft weitergehen wird.

Solltest du viele Abschnittsfragmente haben, kannst du die Zeitlinie für jeden Abschnitt verwenden und später eine übergeordnete für das ganze Projekt.

<u>Zeitlinie</u>

Vergangenheit, vorangegangenes Erlebnis:	Frühere Reise nach Malaysia
Vor zwei Jahren:	Reisepläne, dasselbe Ziel
Jener Tag:	Ankunft in Malaysia, besonderes Erlebnis
Diese Woche:	Brief der Urlaubsbekanntschaft
Jetzt:	Erinnerungen werden wach, Antwort ist zu schreiben – vielleicht eine neue Reise?

Das Familienessen oder Die drei Elemente der Autobiografie

Du kannst jetzt eine kleine Geschichte schreiben: Lehne dich erst mal zurück und denke darüber nach, wie in deinem Elternhaus gegessen wurde. Saßen alle zusammen am Esstisch? Wer saß mit dir am Tisch? Oder aß jeder allein? Wurde selbst gekocht oder Essen bestellt? Im zweiten Schritt wählst du eine besondere Mahlzeit aus, an die du dich erinnerst. Es kann ein Weihnachtsfest sein, ein besonders schönes oder auch ein ganz schreckliches Essen.

Nun beginne mit deiner Szene. Beschreibe zunächst mit allen Sinnen, wie ein Essen üblicherweise ablief.

Du kannst auch wörtliche Rede einbauen. Komme dann zu der besonderen Mahlzeit und beschreibe auch sie mit allen Sinnen.

Dann beschreibe, wie es dir dabei ging und was für dich besonders eindrücklich war. Zuletzt reflektiere darüber was du daraus gelernt hast oder wie es dich geprägt hat und beende mit diesen Gedanken den Text.

Lies dir die kleine Erzählung noch einmal durch und identifiziere die drei Elemente des autobiografischen Schreibens:

1. Die Zusammenfassung: Wie es immer war
2. Die Szene: Das besondere Ereignis
3. Die Reflexion: Was dich bewegt hat

Diese drei Bausteine sind für die Autobiografie maßgeblich, und du kannst all deine kleinen Szenen, die du geschrieben hast, auf diese Elemente prüfen. Fehlt eines, solltest du die Szene noch gründlicher ausarbeiten.

Personen beschreiben

Hier kommt eine kleine Stichwortliste, die du zum Beschreiben von Personen verwenden kannst:
Wie sieht sie aus?
Was ist typisch für sie (Gestik, Mimik, Aussprüche, Rituale)?
Wie klingt ihre Stimme?
Ist sie wortkarg oder spricht sie gern?
Welche Gerüche umgeben sie?
Wie fühlt sie sich an (Haut, Haare, Kleidung)?
Hat sie ein Lebensmotto?
Ist sie eine eher laute oder eher leise Person?
Welche Charaktereigenschaften sind ihr zuzuschreiben?

Wie sind ihre Wohnräume zu beschreiben?
Welche Eigenarten hat sie?
Welchen Beruf übt sie aus bzw. hat sie gelernt?
Wie sind ihre Familienverhältnisse?
Gibt es einschneidende Erlebnisse, die sie geprägt haben? Welche und wie?

Einen Ort beschreiben

Auch Orte müssen beschrieben werden. Nichts ist schwerer, als einen Ort zu beschreiben, den du gut kennst. Schließe die Augen und begib dich in deiner Fantasie an diesen Ort. Die Übung „Dein schöner Ort“ aus Kapitel 1 (Nr. 7) kann dir helfen, eine Beschreibung mit allen Sinnen zu verfassen.

Eine Frage der Perspektive

Wenn es um dich geht, schreibst du in Ich-Form – oder? Warum eigentlich? Du kannst ebenso gut in der dritten (Er-Form) oder auch in der zweiten Person (Du-Form) schreiben. Die Ich-Form hat den Vorteil, dass man sehr gut innere Vorgänge beschreiben kann, etwa wie sich das literarische Ich Gedanken zu einem Thema macht. Es ist auch eine sehr unmittelbare Form, die Leser fühlen sich durch das „Ich“ direkt ins Geschehen versetzt. Die Gefahr dieser Form liegt darin, dass man in einen sehr persönlichen oder zum Beispiel wehleidigen Tonfall verfallen kann. Die Perspektive ist außerdem begrenzt, weil du als Ich-Erzähler nicht in das Innenleben der anderen Figuren schauen und deshalb auch nicht deren Gedanken beschreiben kannst. Die Er-Form zeichnet sich dadurch aus, dass du beim Schreiben ein bisschen mehr Distanz zum Thema wahren kannst. Auch die Leserinnen werden das Geschehen als etwas distanzierter wahrnehmen. Du kannst zum Beispiel in der Er-Form als allwissender Erzähler in alle Figuren „hineinschauen“ und parallel mehrere innere Entwicklungen beschreiben. Oder du wählst die die personale Form, bei der die Perspektive in einer der Figuren liegt – etwa in der Hauptfigur, die alles aus ihrer Sicht beschreibt und hinter der du dich verbirgst, ohne jedoch in die Ich-Form zu fallen. In beiden Fällen ist die Distanz zum Geschilderten größer als in der Ich-Form (wenn du die allwissende Form wählst, ist sie am größten); das kann sowohl ein Vor- als auch ein Nachteil sein. Die Du-Form ist nicht ganz leicht durchzuhalten. Dieses

Buch beispielsweise ist in Du-Form geschrieben. Du fühlst dich direkt angesprochen und könntest diesen Effekt auch für deinen autobiografischen Text nutzen. Es ist etwas schwierig, sich das vorzustellen. Wenn du dir einmal einen Briefroman ansiehst (z. B. „Briefe der Liebe“ von Maria Nurowska), kannst du dir ein detailliertes Bild von der Du-Form machen. Eine Übung zu diesem Thema: Wähle aus der Sammlung deiner geschriebenen Szenen eine aus und schau dir an, in welcher Form du sie geschrieben hast. Achte darauf, dass du diese Form in der ganzen Szene durchhältst. Nun schreibe sie in einer anderen Erzählform auf. Welche Unterschiede fallen dir im Vergleich auf?

Vergangenheit oder Gegenwart?

Erzählen wir etwas, das bereits geschehen ist, werden wir es vermutlich in der Vergangenheitsform tun. Im literarischen Text können wir jedoch auch in der Gegenwart schreiben, als spiele sich alles im Jetzt ab. Die Gegenwartsform ist sehr unmittelbar und zieht die Leser sofort in das Geschehen hinein. Allerdings bringt es diese Form mit sich, dass du recht ausführlich und bildhaft erzählen musst, damit sie wirklich lebendig gelingt. Die Vergangenheitsform hingegen ermöglicht es, längere Zeiträume und mehrere Ereignisse zusammenfassend zu erzählen – und außerdem vermittelst du durch sie etwas mehr Distanz zu den Geschehnissen. Hierzu eine Übung: Wähle eine der Szenen aus deiner Sammlung aus und sieh dir an, in welcher Zeitform du sie geschrieben hast. Nun schreibe die Szene in die andere Form um. Welche Unterschiede fallen dir auf? Achte immer darauf, dass du eine Zeitform in der ganzen Szene strikt durchhältst.

Leben in Jahrsiebten

Die Anthroposophen teilen das Leben in drei große Phasen sowie in Jahrsiebte ein. Einen kleinen Einblick in diese Sichtweise will ich dir an dieser Stelle geben.

Drei große Abschnitte gliedern den Lebenslauf des Menschen:[3]

[3] Burkhard, Gudrun, *Das Leben in die Hand nehmen – Arbeit an der eigenen Biografie*, Reihe Praxis Anthroposophie, Verlag Freies Geistesleben: Stuttgart 1992

Erste Phase: Nehmen, Empfangen, Vorbereitung, Menschwerdung

- geprägt von der körperlichen Entwicklung
- Aufbau des Leibes, physiologische Reifung der Organe
- kaum Mitwirkung am eigenen Schicksal
- reicht von der Empfängnis bis ca. zum 21. Lebensjahr

Zweite Phase: Wechselwirkung Geben und Nehmen, Leben, Kämpfen, Menschsein

- vornehmlich seelische Entwicklung
- Selbsterziehung und Selbstentwicklung
- Phase der Expansion: Familie gründen, Haus bauen, Karriere machen
- Ausrichtung auf soziales Leben, Lernen an anderen Menschen
- Erreichen der psychischen Reife
- Realisierung des Ichs als Persönlichkeit in der Welt
- reicht etwa vom 21. bis 42. Lebensjahr

Dritte Phase: Geben, menschliche Erfüllung

- Phase der geistigen Entwicklung
- allmähliches Nachlassen der physischen Kräfte
- Streben nach Menschheitszielen
- Befassen mit nachfolgenden Generationen
- Lösung der geistig-seelischen Kräfte vom Leib
- Entfaltung neuer Geistesanlagen in immer größerer Freiheit

Jedes Jahrsiebt hat seine Besonderheiten, und die Anthroposophen haben einem bestimmten Alter bestimmte Ereignisse zugeordnet. So nennen sie beispielsweise die Phase um das 28. Lebensjahr herum die „Krise der sterbenden Begabungen“. Wir erkennen, dass uns nicht mehr all das offensteht, was wir vielleicht gern tun würden, und müssen uns entscheiden. Oft finden in dieser Lebensphase gravierende Umbrüche statt.
Diese Betrachtungsweise kann helfen, Menschen und ihre Handlungen besser zu verstehen – nicht zuletzt sich selbst. Wenn du an einer Autobiografie arbeitest, können die Erkenntnisse der Anthroposophen dich dabei unterstützen, bestimmte Motive für Entscheidungen zu verstehen, zum Beispiel bei deinen Familienmitgliedern.

Über den Schmerz hinweg

Tagebuchschreiber wissen: Schreiben kann dabei helfen, sich über etwas klar zu werden, über schmerzliche Erlebnisse hinwegzukommen oder Frust abzubauen. In kreativen Therapien wird das Lesen und Schreiben gezielt eingesetzt. „Poesietherapie versucht Heilung durch gestaltetes Wort. Sie macht sich dabei die ‚Kraft und Macht des Wortes' zunutze, Situationen zu beschreiben, Gefühle ‚in Worte zu fassen', Unbenanntes zu benennen und Sprachlosigkeit in Rede zu überführen."[4]

Wie der Name schon sagt, wird die Poesietherapie von entsprechend ausgebildeten Fachleuten durchgeführt; wenn du dich damit näher beschäftigen möchtest, unternimm bitte keine Selbstversuche, sondern begib dich in professionelle Hände. Denn ohne Begleitung kann es schiefgehen und du könntest dich in einem Psychodrama verlieren. Wenn du während der Arbeit an deinem autobiografischen Projekt an Themen kommst, die bei dir Traurigkeit und Schmerz auslösen, kannst du versuchen, dir schreibend zu helfen. Löse dich dann von deinem Projekt, nimm ein anderes Blatt Papier und schreibe einfach drauflos – schreibe alles auf, was dir gerade in den Sinn kommt.

Du kannst auch das Abecedarium wählen, wenn du dich begrenzen möchtest. Das Wichtigste ist, dass du dir eine Küchenuhr auf 15 Minuten stellst und diese Zeit auf gar keinen Fall überschreitest. Es ist besser, wenn du jeden Tag 15 Minuten über dein Problem schreibst als an einem Tag eine Stunde.

[4] Petzold, Hilarion G./Orth, Ilse (Hgg.) *Poesie und Therapie, Über die Heilkraft der Sprache*, Bielefeld und Locarno: Edition Sirius 2005, S. 22.

Denn mit 15 Minuten behältst du die Kontrolle besser. Wenn die Uhr klingelt, höre sofort auf. Lege Blatt und Stift beiseite und mache etwas anderes. Gehe in die Natur oder putze deine Fenster, mache am besten etwas mit den Händen, damit du Abstand gewinnst und durch die praktische Tätigkeit buchstäblich Boden unter die Füße bekommst. Für diesen Tag ist es genug mit dem Problemschreiben. Nimm dir Zeit für solche Vorhaben, hab Geduld mit dir und schreite nur so voran, wie es sich gut für dich anfühlt. Wenn es dir schlecht geht und du allein keinen Besserungsweg findest, suche dir unbedingt professionelle Hilfe.

Du und die Welt

Wir sind keine Insel, sondern leben in einer Gesellschaft mit Ereignissen. Wenn du deine Geschichte aufschreibst, dann recherchiere doch mal, was zur Zeit der Begebenheit passierte. Oder betrachte es aus der anderen Richtung und überlege, was du beispielsweise am 9. November 1989 oder am 11. September 2001 gemacht hast, wo du gewesen bist, was dieses Ereignis für dich bedeutet hat. Oder wie sich die Finanzkrise 2008 auf dich ausgewirkt hat oder die Coronakrise 2020. So wird aus deinem persönlichen Erlebnis eine Erzählung, die für die Leser interessant ist, denn auch sie können sich fragen, was in ihrem Leben an dem besagten Zeitpunkt passiert ist oder was sie gerade gemacht haben.

Das Leben ist (k)ein Gedicht

Das Abecedarium als Gedichtform hast du bereits kennengelernt. „Verse sind nicht, wie die Leute meinen, Gefühle. Es sind Erfahrungen“, sagte Rainer Maria Rilke.
Warum also nicht autobiografisch in Gedichtform schreiben?
Denkst du an Liebesgedichte, leuchtet die Eignung der Lyrik für diesen Zweck sofort ein.
Ein Gedicht ist auch eine gute Strukturhilfe für einen erzählenden Text, eine Sortierhilfe für inneres Chaos und nicht zuletzt eine hervorragende Wortschatzübung.
Denn im Gedicht musst du dich kurzfassen, du kannst bildhaft schreiben und Metaphern verwenden.

Sehr gut eignet sich beispielsweise das *Elfchen*, ein aus 11 Wörtern bestehendes Kurzgedicht, das in fünf Zeilen aufgeteilt wird.
Ein Beispiel:

Freitag
bald Wochenende
zwei faule Tage
ich werde lange schlafen
Couchpotatoe

Die Anleitung zum Schreiben findest du im ersten Kapitel unter „Elfchen“ (Nr. 9).
Probiere einmal aus, eine Woche lang jeden Abend ein Elfchen zu schreiben. Wie geht es dir damit?
Auch das *Akrostichon* ist eine schöne Form für autobiografisches Schreiben. Es funktioniert wie das ABCDarium, aber du schreibst die Buchstaben eines Begriffs oder deines Namens senkrecht untereinander und füllst dann die Zeilen auf. Versuche es einmal mit deinem Namen und überlege, was dich ausmacht, was dir wichtig ist. So kannst du auch mit Personen verfahren, die in deiner autobiografischen Arbeit vorkommen. Wie war deine Lieblingstante?
Versuchen wir es mit einem Beispiel:

A ufgeschlossen und zugewandt
N aturverbunden
N icht sehr redselig
E hrlich und geradeaus

Nahezu alle Gedichtformen eignen sich für die Autobiografie. Du könntest auch in einen erzählenden Text kurze Gedichte einstreuen oder den Buchkapiteln voranstellen. Probiere Gedichtformen aus – vielleicht entdeckst du eine neue, eine lyrische Seite an dir?

Hilfsmittel für die Vorbereitung deines autobiografischen Projekts

a) persönlich

- Fotos
- Tagebücher
- Reisetagebücher
- Briefe
- Poesiealben
- Dialog mit Familienmitgliedern und
- Freunden
-

b) historisch und gesellschaftlich

- Büchereien
- Jahrgänge alter Zeitschriften
- Online-Archive von Zeitungen und
- Zeitschriften
- (Auto-)Biografien von Zeitgenossen
- Fernsehsendungen mit historischen
- Motiven
- öffentliche Archive

Durch das Lesen von (Auto-)Biografien anderer können Inspirationen für das eigene Werk entstehen:

- Schreibstil
- Erzählperspektive
- Personencharakterisierung
- Ortsbeschreibung
- Hintergrund- und Zeitschilderung
- Umfang und Detailtreue
- Selbstreflexion

Buchtipps Sachbuch

Günter Waldmann *Autobiografie als literarisches Schreiben,* Schneider Verlag Hohengehren GmbH; Judith Barrington *Erinnerungen und Autobiografie schreiben*, Autorenhaus Verlag Berlin; Gudrun Burkhard *Das Leben in die Hand nehmen - Arbeit an der eigenen Biografie*, Praxis Anthroposophie, Verlag Freies Geistesleben

Buchtipps Roman:

Walter Kempowski *Sirius,* Tagebuch, und *Hundstage,* Roman, beide Albrecht Knaus Verlag; Simone de Beauvoir *Sie kam und blieb*, Rowohlt Taschenbuch; Martin Walser *Ein springender Brunnen,* Suhrkamp Verlag; Christa Wolf *Kindheitsmuster*, Suhrkamp Taschenbuch; Arno Schmidt *Die Umsiedler, Abend mit Goldrand,* Fischer Taschenbuch

KAPITEL 3

Die Welt der Poesie entdecken: einfach Lyrik schreiben

Einführung

Während meiner Tätigkeit in der Erwachsenenbildung ist mir aufgefallen, dass Gedichte für viele Menschen gleichermaßen faszinierend wie abschreckend zu sein scheinen. Ein Gedicht erschließt sich vielleicht nicht sofort. Es möchte mit seinem lesenden Gegenüber in Verbindung treten und sich in dessen Gedanken weiterentwickeln.
Als Lesende sind wir gefordert, das Gedicht auszulegen, zu interpretieren, uns mit ihm zu verbinden. Das kann zwar verunsichern, aber es bietet auch eine Möglichkeit, die kaum eine andere Textform bereithält: Ich kann mir als Lesende das Gedicht auf meine eigene Weise erschließen, kann es mit meinen Gedanken und Erlebnissen füllen. „Das Gedicht hört seinem Leser zu", sagte die Lyrikerin Hilde Domin.

Für mich ist Lyrik deshalb mehr als jede andere literarische Form Freude und Denkanstoß, Trost und Zuspruch. Je nach Verfassung lese ich ein Gedicht immer wieder anders.
Diese Faszination spüren offenbar viele Menschen, aber sie haben gleichzeitig Hemmungen, sich des Gedichts zu bemächtigen, mit ihm in Dialog zu treten und eine Position zu ihm zu finden.

Um dich mit einem Gedicht auseinanderzusetzen, brauchst du kein Studium! Du kannst einen Großteil mit deinem gesunden Menschenverstand und deinen Empfindungen analysieren. Was löst es bei dir aus? Welche Formulierungen gefallen dir besonders?
Für Schreibende besteht die Kunst darin, die persönliche Anregung zu einem Gedicht so weit zu abstrahieren, dass es offen wird, um den Lesern „zuzuhören", das heißt, dass die Leserinnen sich das Gedicht vor dem Hintergrund eigener Erfahrungen, Gedanken und Empfindungen erschließen können.
Natürlich schadet es nicht, wenn Lyrikinteressierte sich eingehender mit der Materie auseinandersetzen.

Dieses Kapitel soll ein Einstieg in die Beschäftigung mit Lyrik und das Schreiben von Gedichten sein. Versuche es einfach und erwarte nicht von dir, dass du gleich ein druckfertiges Gedicht schreibst! Es dauert meist ziemlich lange, ein Gedicht zu überarbeiten. Denn in einem so kurzen Text muss wirklich alles stimmen.
Aber zunächst geht es um das kreative, freie Schreiben, ohne Schere im Kopf – dafür mit viel Freude.

Was ist eigentlich ein Gedicht?

Das Wort „Lyrik“ kommt aus dem Griechischen und leitet sich von „zur Lyra (Leier) zu singen“ ab. Auch wenn der Bezug zur Musik heute nicht mehr vordergründig gegeben ist, hat Lyrik meistens mit Rhythmus zu tun. Auch Bildhaftigkeit ist oftmals ein Merkmal von Gedichten, und der Interpretationsspielraum eines Gedichts ist meist größer als z. B. der einer Geschichte. „Lyrik“ taucht als Oberbegriff für alle möglichen Arten von Gedichten und Liedern zum ersten Mal Ende 1808 bei August Wilhelm Schlegel und Goethe auf.[5] Erst gegen Ende des 18. Jahrhunderts gliedert man in Deutschland die Dichtkunst in drei „Großgattungen“ der Dichtkunst: Epos (Roman), Drama und Lyrik.[6] Ein Gedicht kann sowohl ein gereimter, in Strophen eingeteilter Text als auch eine experimentelle konkrete Poesie sein. Über die genauen Definitionen diskutieren Fachleute seit langer Zeit.

Ich habe als Gedichtmerkmal auch schon „Flattersatz linksbündig“ gehört, wobei dieser Versuch sich nur auf die Form und nicht auf den Inhalt bezieht,

[5] Conrady, Karl Otto *Der Große CONRADY. Das Buch deutscher Gedichte von den Anfängen bis zur Gegenwart*, Düsseldorf, 2008: Patmos Verlag GmbH & Co. KG, S.13.

[6] ebd.

was sicherlich fragwürdig ist. Nach Conrady sind Gedichte „sprachliche Äußerungen in einer speziellen Schreibweise. Sie unterscheiden sich durch die besondere Anordnung der Schriftzeichen von anderen Schreibweisen, und zwar durch die Abteilung in Verse, wofür bei der Visuellen Poesie die Bildgestaltung mit den Mitteln des (nicht immer nur) sprachlichen Materials und der Schrift eintritt. Der Reim ist für die Lyrik kein entscheidendes Merkmal.“[7] Eine Strophe kennst du aus Liedern. Eine Gedichtzeile nennt man Vers. Eine Strophe besteht also aus mehreren Versen. Auch wenn kein Reim vorkommt, werden diese Bezeichnungen verwendet. Eine Ausnahme bildet die Konkrete Poesie, bei der die Konstellation an die Stelle des Verses tritt.[8]

Warum ausgerechnet ein Gedicht schreiben?

Mich reizt am Gedicht, mit wenigen Worten viel zu sagen. Es lebt von der Leere, also von dem, was zwischen den Zeilen steht, und von Assoziationen und Bildern, die es bei den Lesern auslöst.

7 ebd., S. 16.

8 s. Abschnitt „Konkrete Poesie“

Es spielt als Momentaufnahme in einem gegenwärtigen Augenblick. Ich möchte treffende Worte finden und das Gedicht gleichzeitig so weit öffnen, dass nicht mehr mein Schreibimpuls im Vordergrund steht, sondern die Leserinnen sich selbst und ihre Erfahrungen in dem Gedicht gespiegelt sehen. Erst durch ihre Interpretation erwacht es zum Leben. Im Gedicht kann ich mit Mehrdeutigkeiten arbeiten, Wortkreationen erfinden und zum Beispiel durch unerwartete Zeilensprünge (Enjambements) – wenn z. B. das Ende des Satzes nicht mit dem Ende der Zeile zusammenfällt – eine Ebene hinzufügen. Ich habe die Wahl, ob es ein „Ich" geben soll oder nicht. Je nach Textart lasse ich die Interpunktion weg oder reduziere sie auf das Nötigste. Die reiche Auswahl an Gedichtformen lädt zum Ausprobieren ein, aber ich bin nicht daran gebunden, sondern kann auch eine ganz freie Form wählen. Es gibt eine Vielzahl von Stilfiguren, z. B. die Wiederholung, zu entdecken. Du kannst sie in der Fachliteratur finden. Wenn ich mich mit Stilfiguren und Stilmitteln wie der Metapher oder dem Vergleich beschäftigt habe, bekommt mein Schreiben eine neue Richtung. Das Entdecken des Gedichts in seiner ganzen Vielseitigkeit hört nicht auf – je mehr du darüber weißt, desto spannender wird es. Diese Überraschungen, die Lyrik in sich birgt, und ihre Flexibilität faszinieren mich.

Es ist ein hervorragendes Training für Stil und Ausdruck, wenn du dich mit Gedichtformen beschäftigst: Die Verknappung, das treffende Wort, das passende Bild zu finden, kommt auch Schreibenden zugute, die sich eher im erzählenden Bereich verorten.

Gedichte lesen und verstehen

Wer schreiben will, muss lesen – das gilt für alle Sparten. Du könntest mit Anthologien (Sammelbänden) beginnen. In ihnen findest du Gedichte verschiedener Autoren, nach Themen oder Epochen geordnet. „Das ist so schwierig!", magst du vielleicht denken, wenn es um das Lesen und Verstehen von Gedichten geht. Mir fällt dabei auf, dass oftmals eine Art Wahrheit oder zumindest allgemein gültige Verbindlichkeit gesucht wird, wie das Gedicht zu verstehen sei. Gerade das ist aber nicht die Absicht der Lyrik, sondern sie bleibt häufig für mehrere Interpretationsmöglichkeiten und Deutungen offen. Es liegt an dir, deine persönlichen Deutungsebenen zu finden. Aber wie kommst du dorthin? Lass uns an zwei Beispielen Deutungen versuchen; zunächst an einem klassischen Gedicht.

DIE PARKE, GEDICHT II[9]

Leise von den Alleen
ergriffen, rechts und links,
folgend dem Weitergehen
irgend eines Winks,

trittst du mit einem Male
in das Beisammensein
einer schattigen Wasserschale
mit vier Bänken aus Stein;

in eine abgetrennte
Zeit, die allein vergeht.
Auf feuchte Postamente,
auf denen nichts mehr steht,

hebst du einen tiefen
erwartenden Atemzug;
während das silberne Triefen
vor dem dunkeln Bug

dich schon zu den Seinen
zählt und weiterspricht.
Und du fühlst dich unter Steinen
die hören, und rührst dich nicht.

[9] Rilke, Rainer Maria: *Die Parke, Der neuen Gedichte anderer Teil*, Gesamtausgabe Die Gedichte, Insel Verlag, Frankfurt am Main, Sechste Auflage 1993, S. 549

Dieses Gedicht besteht aus fünf Strophen zu je vier Zeilen (Versen). Das Reimschema ist abab, es handelt sich also um einen Kreuzreim. Ich will hier nicht weiter auf Reimformen eingehen; du findest sie im Internet oder in der Fachliteratur. Beim ersten Lesen dieser Verse wird man sich an die vorgenommene Anordnung halten und jeweils am Zeilenende eine kleine Pause einlegen. Zum besseren Verständnis lohnt es sich aber, beim zweiten Lesen die Zeilensprünge (Enjambements) zu missachten und die Zeilen so zusammenzusetzen, dass sie vollständige Sätze bilden:

> Leise von den Alleen ergriffen, rechts und
> links, folgend dem Weitergehen irgend eines
> Winks,
> trittst du mit einem Male in das Beisammen-
> sein einer schattigen Wasserschale mit vier
> Bänken aus Stein;
> in eine abgetrennte Zeit, die allein vergeht.
> Auf feuchte Postamente, auf denen nichts
> mehr steht, hebst du einen tiefen erwartenden
> Atemzug;
> während das silberne Triefen von dem dunkeln
> Bug dich schon zu den Seinen zählt und wei-
> terspricht.
> Und du fühlst dich unter Steinen, die hören,
> und rührst dich nicht.

Wir haben nun eine Anordnung gefunden, die eher dem Sinnzusammenhang gerecht wird und uns hilft, den Inhalt dieses Gedichts zu erfassen:
Ein Spaziergänger ist allein unterwegs in einer Gegend, die er nicht gut kennt. Er folgt einer Allee oder einer inneren Eingebung (irgendeinem Wink), und findet sich plötzlich vor einem Wasserspiel/Springbrunnen mit vier Steinbänken wieder. Es kommt ihm vor, als sei dies ein verwunschener, aus Raum und Zeit gelöster Ort. Hat er selbst einen Platz hier? Oder ist er ein Störenfried? Da sind die leeren Postamente (Sockel, auf denen vielleicht früher einmal eine Statue stand), die dem Spaziergänger auffallen: Er stellt sich vor, dass er einen Atemzug dort hinlegt, der flüchtig und unsichtbar ist und deshalb schnell wieder vergehen und die Szene nicht verändern wird. Somit fließt das Zeitempfinden des Spaziergängers nicht in diese Szene ein. Ganz still steht er dort und hört den Geräuschen des Wassers zu. Er empfindet es als sprechend, es lässt sich durch sein Erscheinen nicht unterbrechen, sondern spricht einfach weiter. So wird der Spaziergänger in die Szene aufgenommen, fühlt sich schließlich als deren Teil und lauscht dem Wasser wie die Steine.
Würdest du meine Interpretation teilen, oder hast du andere Ideen? Wie empfindest du die Möglichkeit, dass wir nicht nur Menschen, sondern auch

Elementen und Dingen zuhören können? Welche Bedeutung hat das Leise für dich? Wäre es dir angenehm, in der Rolle des Spaziergängers zu sein?

Kommen wir nun zurück zu Rilkes Versanordnung. Beim lauten Lesen fällt der Wohlklang auf, der seine Poesie ausmacht. Er findet ausgefallene Reime, die er nicht unbedingt immer an das Ende eines Verses setzt, sondern auch mitten in die Zeile. In diesem Fall hat er jedoch mit dem Endreim gearbeitet, der auch den Zeilensprung begründet. Durch ein solches Enjambement entsteht außerdem eine kleine Momentaufnahme wie „Und du fühlst dich unter Steinen“, die in dem Augenblick vor dem Weiterlesen für sich steht und manchmal noch eine neue Bedeutungsebene schafft. Schau dir auch die Vokale an: „Leise von den Alleen ergriffen, rechts und links, folgend dem Weitergehen irgend eines Winks“: Hier finden wir in den betonten Silben vor allem die hellen Vokale a, e, i und zweimal den Doppelvokal ei, und weiter unten im Gedicht kommt noch das ü hinzu. Helle Vokale lösen eine positive Grundstimmung aus, während dunkle Vokale wie o, u, au eher eine melancholische Grundstimmung hervorrufen. Wenn du das Gedicht durchgehst, wirst du feststellen, dass Rilke sehr sorgfältig darauf geachtet hat, welche Vokale er wann verwendet.

Neben Reimen kann man also auch mit Vokalen

Gleich- oder Wohlklang erzeugen – und auch mit Wörtern, die mit denselben Buchstaben beginnen („Weitergehen / Winks“).

Die nächste Deutung versuchen wir mit einem freien Text.

geradezu auf die mauer[10]
schwärze ein rechteck
land hinter einer scheibe
endet der weg

hand an die scheibe legen
land sehen

Sofort fällt auf, dass dieses Gedicht keine Reime hat. Die Wörter sind durchgängig klein geschrieben, was oftmals gemacht wird, wenn der Lesefluss nicht durch Großbuchstaben unterbrochen werden soll, oder wenn Wörter im Gedicht vorkommen, die es sowohl in Groß- als auch in Kleinschreibung gibt. Die Spannung in der ersten Strophe kommt durch das Enjambement zustande, denn es gibt mehrere Lesarten:

10 Schönfeld, Maren: *Die Peripherie des Lichts*, Wiesenburg Verlag, Schweinfurt 2014, S. 49.

geradezu auf die mauerschwärze
schwärze ein rechteck
ein rechteck land
land hinter einer scheibe
hinter einer scheibe endet der weg

Ist hier jemand auf der Flucht? Oder befindet man sich in einer (gedanklichen?) Sackgasse? Was hast du für Ideen und Empfindungen?
In der zweiten, zweizeiligen Strophe ist einerseits das pragmatische Erlebnis geschildert, die Hand(fläche) an (auf) die Scheibe zu legen und das dahinter befindliche Land zu sehen. Die Formulierungen spielen andererseits aber auch mit den Redensarten „Hand anlegen" und „Land sehen", die bedeuten, dass man tätig wird und eine Lösung oder ein Ergebnis in Aussicht hat. Hast du diese Redewendungen schon einmal gehört oder selbst verwendet? Wie erlebst du sie in der Konstellation dieses Gedichts?
Mit diesen einfachen Methoden kannst du Zugang zu einem Gedicht finden. Oftmals ist es hilfreich, etwas über die Zeit zu wissen, in der es geschrieben wurde. Es schadet auch nicht, sich über den Autor zu informieren, denn manchmal ist ein Gedicht besser verständlich, wenn man etwas über die Lebenssituation seines Verfassers weiß.
Diese Informationen findest du im Internet oder in

einer Bibliothek. Wenn man einmal Zugang zu einem Gedicht gefunden hat, kann es einen wie ein guter Freund begleiten und sogar in Krisensituationen helfen.

Beispielsweise haben Soldaten im Krieg auswendig gelernte Gedichte und Bibelverse hergesagt und darin Trost gefunden. Auch bei unseren alltäglichen Problemen und in dem Einerlei unserer routinierten Tagesabläufe kann ein Gedicht ein Sonnenstrahl sein. Probiere es einmal aus, du wirst staunen!

Formen

Niemand soll oder muss eine Gedichtform verwenden; für mich ist es jedoch immer ein Anreiz, mich daran zu versuchen. Außerdem verstärken Formen den Inhalt, und Schreibende, die einige davon beherrschen, verfügen über ein gutes Handwerkszeug für ihre Lyrik. Deshalb möchte ich dir einige Formen vorstellen, mit denen ich selbst arbeite. Ich habe sie nach meinen Vorlieben ausgewählt; es gibt es viele weitere, die du im Internet oder in der Fachliteratur findest.

Elfchen

Das Elfchen ist ein aus elf Wörtern bestehendes Gedicht. Du findest die Anleitung zum Schreiben eines Elfchens im ersten Kapitel (Nr. 9). Man kann auch einen Satz auf diese Zeilenanordnung aufteilen, sollte dabei aber das Bedeutungsschema nicht aus den Augen verlieren.
Für den Anfang ist es hilfreich, das Elfchen über ein Tier oder eine Farbe zu schreiben, um in diese Form einzusteigen. Später kann man es mit jedem Wort beginnen.

Nebel
überm Fluss
verbirgt die Schiffe
ich stehe im Elbpark
lausche

Du kannst auch jeden Abend ein Elfchen als Tagebucheintrag schreiben, dann beginnt es mit dem jeweiligen Wochentag. Versuche es einmal für eine Woche!

Rondell

Das Rondell ist für Anfänger geeignet, weil es einfach zu schreiben ist und gleichzeitig durch seine Wiederholungen eine gute und wohlklingende Struktur erhält. Es gibt keine Begrenzung in der Zeilenlänge, man zählt weder Silben noch Hebungen oder Wörter. Die einzige Anforderung ist die Wiederholung bestimmter Zeilen in dem vorgegebenen Schema:

Dies ist ein Rondell
es ist leicht zu schreiben
und klingt sehr schön
dies ist ein Rondell
mit Wiederholungen
bestimmter Zeilen
dies ist ein Rondell
es ist leicht zu schreiben

Wenn du mit dem Rondell beginnen möchtest, dann fertige dir ein Linienblatt an und zeichne in jede Zeile, die sich wiederholt, ein Symbol:

Hast du die erste Zeile fertig, kannst du sie gleich in die anderen für sie bestimmten Wiederholungszeilen schreiben. Die zweite Zeile kehrt als letzte Zeile wieder. Nun ist das Gedicht schon halb fertig, du brauchst nur noch die übrigen drei Zeilen zu schreiben. Wenn du dich mit dieser Form vertraut gemacht hast, kannst du mit ihr experimentieren (wie mit allen Formen) und etwas Eigenes daraus machen.

Einsteins Bienen[11]
Noch sieben Jahre
wenn die Bienen sterben
bis die Menschen sterben

[11] Schönfeld, Maren: *Die Peripherie des Lichts*, Wiesenburg Verlag, Schweinfurt 2014, S. 19.

noch sieben Jahre
sagte Einstein
wir leben
noch
die Bienen sterben

Wie du siehst, habe ich die Wiederholungen etwas abgewandelt, trotzdem funktioniert die Form. Die Wiederholungen verleihen dem Gedicht neben der Struktur auch Eindringlichkeit.

Tanka und Haiku

Die älteste japanische Gedichtform ist das Tanka. Es entstand im 7. Jahrhundert und erfreut sich bis heute großer Beliebtheit. Das Tanka besteht aus 31 Silben in fünf Versen mit jeweils 5-7-5-7-7. [12] Es ist an keine Thematik gebunden, jedoch sollte zwischen dem Oberstollen (den ersten drei Versen) und dem Unterstollen (die beiden letzten Verse) eine inhaltliche Zäsur stattfinden. Man könnte hier

[12] Nach: Gäbe es keine Kirschblüten … Tanka aus 1300 Jahren, Reclam, Stuttgart 2009

an Motiv und Auflösung denken. Aus dem Tanka entstand einige Jahrhunderte später das Haiku, indem sich der vormalige Oberstollen als eigenständige Gedichtform etablierte. Es hat dieselbe Vers- und Silbenform wie der Oberstollen des Tanka, nämlich 5-7-5 Silben. Traditionell hat es einen Naturbezug und enthält ein Jahreszeitenwort (Kigo). Es soll ein Augenblick mitgeteilt werden, ohne diesen zu interpretieren; für innere Monologe oder allgemeine Stellungnahmen hat es keinen Raum. Berühmte japanische Haiku-Dichter waren Bashō, Issa, Buson und Shiki. Das Haiku besteht in der deutschen Sprache aus zehn bis siebzehn Silben, die meistens in drei Zeilen angeordnet sind. Sehr häufig wird das Schema 5-7-5 Silben propagiert. Es gibt die Theorie, dass dieses Schema mit dem Atem zu tun hat: Normales Einatmen (5) – bewusstes Ausatmen (7) – normales Einatmen (5). Das Haiku wurde vermutlich von Wandermönchen erfunden, die in ihren Meditationen und auf ihren Wanderwegen möglicherweise durch das Atmen und Gehen zu dem Silbenschema kamen. Davon kannst du dich jedoch lösen, auch wenn es für den Anfang eine ganz gute Struktur ist. Du musst keine Artikel einbauen, damit du auf 17 Silben kommst.

Eine genaue Schreibanleitung mit Beispielen findest du im ersten Kapitel (Nr. 4). Es gibt ein breites Literaturangebot über Haiku, und in der Fachwelt bestehen sehr gegensätzliche Positionen in Bezug auf Form und Inhalt – vor allem bei uns in der westlichen Welt. Wir verklären und mystifizieren gern oder geben unseren Gedichten eine romantische Note. Das geschieht auch in der modernen Haiku-Dichtung; so war das Haiku jedoch nicht angelegt. Es darf Humor haben, soll in einer einfachen Sprache geschrieben und so offen sein, dass sich das Bild beim Leser weiterentwickelt. Ein Kigo (Jahreszeitenwort) gehört für mich dazu. Ich meine, es sollte darum gehen, das Haiku in unsere Zeit zu versetzen, ohne dabei jedoch die Form allein auf die Silbenanzahl zu reduzieren.

Sonett

Das Sonett ist eine sehr alte Form. Es entstand um 1230 auf Sizilien.[13] Berühmte Sonett-Dichter waren Petrarca, Shakespeare, Schlegel und Rilke. Nach Petrarca hat das Sonett vier Strophen zu 4-4-3-3 Zeilen, nach Shakespeare jedoch bei derselben Strophenzahl je 4-4-4-2 Zeilen.

13 Schlütter, Hans-Jürgen: *Sonett*, Sammlung Metzler, Band 177, Stuttgart 1979, S. 1.

Rilke hat das Sonett sehr gern verwendet, aber die Form auch stark verändert. Seine „Sonette an Orpheus“ bieten vielseitige Beispiele für mögliche Schreibarten. In der Epoche der Romantik war die Form sehr beliebt: vierzehn Zeilen, aufgeteilt in zwei Strophen zu je vier Zeilen (Quartette) und zwei Strophen zu je drei Zeilen (Terzette). Das Reimschema war abba, abba, cdc, dcd. Im Laufe der Zeit haben sich allerdings auch andere Reimschemata entwickelt. Je nach Versmaß (Silbenzahl und Anzahl der Hebungen) fällt das Sonett sehr unterschiedlich aus.

Der Park[14]

Das Grün in endlos vielen Lagen
hüllt mich von allen Seiten ein
und auch das Mädchen dort aus Stein
blickt nur ins Grün stumm seine Fragen.

Kein Gelb kann derart klar mir sein
kein Rot-Ton sich mir so beklagen

[14] Schönfeld, Maren: *Die Peripherie des Lichts*, Wiesenburg Verlag, Schweinfurt 2014, S. 24.

ich atme Grün in diesen Tagen
und fühl mich zart als wär ich Schein.

Das Grün dringt tief mir in die Lungen
legt sich auf Blick und Haar und Haut
als habe es mich ausbedungen.

Sacht habe ich mich anvertraut
dem grünen Ton der mir erklungen.
Nun bin ich ganz aus Grün erbaut.

Das verwendete Reimschema ist hier abba, baab, dcd, dcd. Auf Kommas habe ich verzichtet, weil ich die Zeilen nicht unterbrechen wollte. Nur Punkte verstärken die Pausen am Ende der Verse. Wichtig ist, dass man keine konstruiert wirkenden Verse mit seltsam anmutenden Wortanordnungen schreibt, nur um am Ende den Reim zu platzieren. Um an das Sonett erst einmal heranzukommen, kannst du dir als erstes die Reime ausdenken und diese Reimwörter an das Ende einer leeren Zeile schreiben. Nun füllst du die Zeilen auf. Vielleicht kommt zunächst ein albernes Sonett dabei heraus – aber du entwickelst mit dieser Übung ein Gefühl für diese strenge Anordnung. Gib nicht auf, wenn es nicht gleich funktioniert! Es ist eine schwere Form, die man sich erarbeiten muss; das ist aber auch ihr Reiz.

Fünfzeilige Strophe/Fünfzeiler

Eine in fünf Zeilen angeordnete Strophe, in der es zwei Reimpaare gibt, hat einen runden und angenehmen Klang. Ich mag diese alte Form. Man kann sie streng aabba reimen oder dieses Schema leicht abwandeln.

Das Vielleicht der Dämmerung[15]

Am Holzgeländer steige ich
durch aufgeweichtes Gras
dunkel wölbt sich der Deichfirst vor
und Bäume ragen wie Trauerflor
in Abendhimmels Übermaß

Unterm Astdach fängt es mich:
der Dämmerung Vielleicht
Im Verblassen zerfalle ich
und Nachtluft mischt mit Atem sich
wenn der Morgen uns erreicht

[15] Schönfeld, Maren: *Die Peripherie des Lichts*, Wiesenburg Verlag, Schweinfurt 2014, S. 47.

Der erste Vers hat keinen Reimpartner, was nicht stört, weil sich in der dritten Zeile „ich“ auf „sich“ reimt. Die zweite Strophe hat einen strengen Aufbau, folgt aber auch nicht dem Schema aabba, sondern abaab. Wie beim Sonett gilt auch hier: Keine konstruierten und auf Biegen und Brechen zum Reimen gezwungene Verse schreiben. Wenn es sich nicht anbietet zu reimen, kann man den Fünfzeiler auch ohne Reim schreiben. Probiere es einmal aus und schreibe zwei Fassungen von einem Fünfzeiler, mit Reim und ohne.

Freie Texte

Frei heißt frei – du kannst dein Gedicht schreiben, ohne irgendeine Form zu beachten. Oder du kannst eine eigene Form wählen, die du durch eine bestimmte Silbenanzahl pro Vers oder die Abfolge von Hebungen bilden kannst. Ein weiteres Stilmittel ist die Wiederholung (nicht nur für freie Texte). Die hast du schon beim Rondell kennengelernt.

Dein Blick von[16]
der Tischplatte in
mein Gesicht in
den Hausflur

dein Rücken durch
die Tür fällt

ins Uhrenticken
schneidet dein
Duft auf
dem Tisch
Pralinen

In diesem Gedicht habe ich pro Zeile nicht mehr als drei Wörter verwendet. Die letzte Zeile jeder Strophe besteht aus drei Silben. Um die Zerrissenheit der geschilderten Szene zu verstärken, habe ich bis auf „schneidet" alle Verben weggelassen und die Zeilen so umgebrochen, dass man immer mittendrin wechseln muss (Enjambement) und dadurch ein abgehackter Rhythmus entsteht. So spiegelt und verstärkt die Form den Inhalt: die Verstörung.

16 Schönfeld, Maren: *Die Peripherie des Lichts*, Wiesenburg Verlag, Schweinfurt 2014, S. 14.

Buchstabenspiel: Abecedarium, Akrostichon und Tautogramm

Ein leichtes Spiel ist das *Abecedarium.* Schreibe die Buchstaben des Alphabets senkrecht untereinander. So hast du in jeder Zeile den Anfangsbuchstaben, mit dem dein Wort oder Vers beginnt. Denke dir ein Thema aus, beispielsweise deine Lieblingsspeisen oder dein Hobby. Nun fülle die Zeilen mit den zu deinem Thema passenden Wörtern auf; verwende maximal drei Wörter pro Zeile. Wenn dir zu schwierigen Buchstaben nichts einfällt, kannst du sie auslassen. Diese Gedichtform eignet sich auch als Methode, um eine Sammlung für ein Projekt anzulegen.
Du kannst sie zum Beispiel für eine Romanfigur, eine Urlaubsreise, über die du eine Geschichte schreiben möchtest, oder einen autobiografischen Text verwenden.
Das *Akrostichon* ist gewissermaßen eine Steigerung des Abededariums – denn nun schreibst du ein Wort senkrecht untereinander und füllst die Zeilen hinter dem jeweiligen Anfangsbuchstaben auf.

Wählst du deinen Namen, kannst du die Zeilen mit Wörtern füllen, die mit dir zu tun haben: Charaktereigenschaften, Aussehen, Vorlieben …
Das Akrostichon ist ähnlich verwendbar wie das Abecedarium.
Beim *Tautogramm* soll jedes Wort mit demselben Buchstaben beginnen: „Meiner Mutter Magd macht mir Mus mit meiner Mutter Mehl". Es ist eine schwere, aber sehr lustige Form. Versuche einmal, ein Gedicht mit G oder L zu schreiben!

Scherz- und Nonsenspoesie: Limerick, Leberreim und Klapphornvers

Der *Limerick* ist ein volkstümliches Gedicht und stammt möglicherweise aus der gleichnamigen irischen Stadt. Daher bezieht sich der Limerick meist in der ersten Zeile auf einen Ort oder eine Landschaft. Häufig kommt es in der letzten Zeile auf den Ort zurück. Das Herzstück ist eine lustige Begebenheit, die zum Schluss eine überraschende, meistens unsinnige oder übertriebene Wendung erfährt. Für diese Form sind Reim und Rhythmus ganz maßgeblich:

Es *war* ein *Ma*nn aus Tou*louse*,
Der *hau*te sechs *Flie*gen zu *Mus*.
Die *sie*bte blieb *le*ben,
Da *schlug* er da*ne*ben,
Dann *sa*gte zur *Frau* er: Tu *du's*.

Verfasser unbekannt

Die kursiv gedruckten Silben markieren die Hebungen, also die betonten Silben. Das Reimschema lautet aabba – es reimen sich die erste, zweite und letzte Zeile miteinander und die beiden kürzeren. Man zählt im Limerick also keine Silben, sondern Hebungen; das ist sehr wichtig, damit der Limerick gut klingt.

Auch in Literatenkreisen spielte man früher gern! Zu Beginn des 17. Jahrhunderts etwa dichtete man bei Tisch den *Leberreim* – vornehmlich, wenn es Leber gab.

Es handelt sich um ein scherzhaftes Gedicht, das aus zwei Zeilen besteht. Der Anfang ist immer gleich: „Die Leber ist von einem Hecht und nicht von einem …". Nun musste derjenige, dem das Essen angeboten wurde, einen Tiernamen dazugeben und die zweite Zeile reimen:

Die Leber ist von einem Hecht und nicht von einem Biber.
Dem einen ist das eigne Weib, dem anderen das des andern lieber.

Verfasser unbekannt

Die zweite Zeile muss nichts mit dem Essen zu tun haben und darf, ja soll sogar, kurios sein. Probiere das doch mal bei deiner nächsten Verabredung zum Essen aus!

Auch Juristen können Humor haben, was der Göttinger Notar Friedrich Daniel 1878 bewies, als er den *Klapphornvers* erfand:

> Zwei Knaben gingen durch das Korn,
> Der andere blies das Klappenhorn,
> Er konnt' es zwar nicht ordentlich blasen,
> Doch blies er's wenigstens einigermaßen.

Das Klappenhorn kam zwar nie mehr vor, als dieser Vierzeiler begeistert von lustig aufgelegten Dichtern übernommen wurde, aber die erste Zeile blieb immer gleich. Die Herausforderung ist, einen Reim auf „orn" zu finden. Man kann ein Reimlexikon zu Hilfe nehmen.

Konkrete Poesie

Der Unterschied zwischen klassischer und konkreter Poesie liegt in der Konstellation: Statt eines (bildhaften) Verses werden Wörter auf eine bestimmte Weise angeordnet. Eugen Gomringer ist

einer der Gründerväter der konkreten Poesie.
Die Inspiration für diese Stilrichtung bekam er 1944 mit 19 Jahren, als er die internationale Ausstellung „konkrete kunst“ in Basel besuchte. Die dortigen Eindrücke, gepaart mit Begegnungen und Erfahrungen in seinem Studium, führten Gomringer auf einen neuen Weg der Lyrik. 1953 schuf er seine erste Konstellation „avenidas, flores, mujeres“ und veröffentlichte sie in der Kunstzeitschrift „spirale“.
Weitere deutschsprachige Vertreter der konkreten Poesie sind Friedrich Achleitner, Helmut Heißenbüttel, Ernst Jandl, Kurt Marti, Franz Mon und Gerhard Rühm. Denkt man an den bekannten „Ottos Mops“ von Jandl, kann man erkennen, dass die konkrete Poesie auch für humorvolle Inhalte geeignet ist.
Die konkreten Poeten wollten die Dichter aus ihrem Elfenbeinturm holen und Gedichte für alle Menschen zugänglich, verstehbar und interessant machen; sie wollten mit ihrer Poesie Einfluss auf die Sprache nehmen.
Der Dichter sollte wieder einen Platz in der Mitte der Gesellschaft bekommen und nicht allmählich in Vergessenheit geraten – wie die alten Meister, deren Gedichte und Sprache nicht mehr zeitgemäß waren. Während die Dichter früher sowohl Wert auf gesellschaftliche Inhalte als auch strenge Formen

legten, sind Gedichte heute eher biografisch und werden immer freier in der Form.
Die konkrete Poesie holt den Formalismus ins Gedicht zurück. Sie ist immer auch im Zusammenhang mit der konkreten Kunst (Kandinsky, Klee, Mondrian) zu sehen, da es in beiden Sparten eine parallele Entwicklung gab. Das konkrete Gedicht hat eine Ordnung. Es kann aus verschiedenen Sprachen bestehen, denn ein Ziel der konkreten Poesie ist die Verständlichkeit über die Sprachen hinweg. Gomringer empfiehlt, sich für eine bestimmte Anzahl von Worten zu entscheiden, die jeweils aus einer bestimmten Zahl von Buchstaben bestehen. Außerdem soll eine bestimmte Gruppe von Worten gebildet werden.
Für mich ist die Form eines Gedichts genauso wichtig wie sein Inhalt. Neben Sonett, Fünfzeiliger Strophe und Haiku hat mir die konkrete Poesie Möglichkeiten geöffnet, vor allem politische und gesellschaftliche Kritiken in Lyrik zu kleiden. Dabei arbeite ich auf unterschiedliche Weise:

warten

acht vor halb eins
vor acht eins halb
halb eins vor acht
eins halb acht vor
warten

acht halb vor eins
vor eins acht halb
halb vor eins acht
eins acht halb vor
warten

acht eins vor halb
vor halb acht eins
halb acht eins vor
eins vor halb acht
warten

acht halb eins vor
vor halb eins acht
halb eins acht vor
eins vor acht halb
warten

Eugen Gomringer hat mich mit seiner konkreten Poesie „kein fehler im system“ auf die Idee gebracht, eine bestimmte Konstellation mittels „Durchschiebens“ von Buchstaben zu versuchen. Die Konstellation „schreibfehler“ ist auf diese Weise gearbeitet.

schreibfehler

BLUEHENDELANDSCHAFTEN
NBLUEHENDELANDSCHAFTE
ENBLUEHENDELANDSCHAFT
TENBLUEHENDELANDSCHAF
FTENBLUEHENDELANDSCHA
AFTENBLUEHENDELANDSCH
HAFTENBLUEHENDELANDSC
CHAFTENBLUEHENDELANDS
SCHAFTENBLUEHENDELAND
DSCHAFTENBLUEHENDELAN
NDSCHAFTENBLUEHENDELA
ANDSCHAFTENBLUEHENDEL
LANDSCHAFTENBLUEHENDE
ELANDSCHAFTENBLUEHEND
DELANDSCHAFTENBLUEHEN
NDELANDSCHAFTENBLUEHE
ENDELANDSCHAFTENBLUEH
HENDELANDSCHAFTENBLUE
EHENDELANDSCHAFTENBLU
UEHENDELANDSCHAFTENBL
LUEGENDELANDSCHAFTENB
BLUEHENDELANDSCHAFTEN

Durch die zeilenweise Verschiebung der Buchstaben entstehen neue Assoziationen, der Lesefluss wird gebremst, und man verweilt länger bei dem Text. Nur ein einziger Buchstabe wurde jeweils verändert, in nur einer Zeile ist ein H gegen ein G ausgetauscht worden. Dieser kleine Eingriff genügt, um Position zum damaligen Versprechen des ehemaligen Kanzlers Helmut Kohl zu beziehen: ohne Wertung, ohne moralischen Appell. Unverkennbar ist hier auch die visuelle, über das Sprachliche hinausgehende Komponente. Daraus hat sich sogar eine eigene Richtung – die „visuelle Poesie" – entwickelt.
Solche Bildgedichte gab es bereits in früheren Jahrhunderten. Auch Christian Morgenstern hat mit ihnen gearbeitet: In „Fisches Nachtgesang" zum Beispiel. Hier gibt es gar keine Wörter mehr, sondern nur noch Zeichen – denn der Fisch kann ja nicht sprechen. Und in „Die Trichter" wählt Morgenstern eine optische Konstellation, die einen Trichter darstellt. So auf die Spitze getrieben, kann visuelle Poesie aus dem aneinandergereihten Wort „Apfel" die Form eines Apfels bilden oder den Charakter einer aus Wort- und Bildelementen zusammengesetzten Collage annehmen (z. B. bei Klaus Peter Dencker). Weitere Vertreter der visuellen Poesie sind beispielsweise Kurt Mautz, Karl Riha und Rudolf Sikora.

Für mich sind neben gesellschaftlich-politischen Inhalten auch Beziehungsthemen sehr geeignet für konkrete Poesie:

Mut zu begegnen[17]

Mut, die Augen zu öffnen
Mut, die Gedanken zu denken
Mut, die Worte zu sagen

Mut zu begegnen

Mut, die Augen nicht zu öffnen
Mut, die Gedanken nicht zu denken
Mut, die Worte nicht zu sagen

Mut zu begegnen

Es genügt, in der zweiten Wortgruppe jeweils das Wort „nicht“ einzufügen, um die beiden gegensätzlichen Pole darzustellen. Der Text kommt ohne lyrisches Ich[18] aus und folgt einer strengen Ordnung: Die Überschrift ist gleichzeitig Zeile, und sie weist damit auf die Wichtigkeit und das Schlüsselwort „Mut“ hin.

17 Schönfeld, Maren: *Die Peripherie des Lichts*, Wiesenburg Verlag, Schweinfurt 2014, S. 10.
18 s. nächstes Kapitel

Verwendet wurde hier das Stilmittel der Anapher (jede Zeile beginnt mit demselben Wort). Wir kennen wohl alle eine Situation, in der wir uns fragen, ob wir etwas sagen sollen oder nicht. Es ist nicht schwer, sich in diesen Text einzufinden, den man sowohl von oben nach unten als auch von unten nach oben lesen kann.
Die konkrete Poesie verzichtet auf jegliches „Drumherum", es gibt keine Adjektive, Metaphern, Beschreibungen oder Anspielungen, die man nur mit Vorwissen verstehen könnte. Es ist nicht leichter, eine konkrete Poesie zu schreiben als ein Sonett, denn die Auswahl der richtigen Worte und das Bilden der Konstellation sind nicht zu unterschätzen. Was so leicht und einfach daherzukommen scheint, muss meist langwierig und umfänglich ausgetüftelt werden. Die großen Stärken der konkreten Poesie sind ihre Verständlichkeit, Zielgerichtetheit und Knappheit.

Ich, das lyrische Ich – oder ganz ohne mich?

Wer ist eigentlich gemeint, wenn in einem Gedicht von „Ich" die Rede ist? Oftmals glauben Leser, dass das Ich im Text – egal, ob Lyrik oder Prosa –

mit dem Autor gleichzusetzen ist. Das ist ein Irrtum, denn jeder literarische Text ist eine Kunstform, einschließlich der darin vorkommenden Figuren. Sicherlich wird sich eine Beziehung des Textes und auch des literarischen oder lyrischen Ichs mit dem Verfasser herstellen lassen; dennoch sollten wir uns davor hüten, im lyrischen Ich die Person des Autors zu vermuten. Wenn ich mit einem lyrischen Ich arbeite, erzeuge ich zunächst eine Identifikationsebene mit meinen Lesern, die sich, wenn sie „Ich" lesen, sofort angesprochen fühlen. Wo ein Ich ist, ist auch meistens ein Du. Vielleicht nimmt der Leser diese Rolle an und sein Einstieg in den Text ist erleichtert.

Das lyrische Ich schafft also einen leichten Einstieg und eine große Nähe und Unmittelbarkeit. In der neueren Poetik arbeitet man aber auch gern ganz ohne lyrisches Ich. Bitte lies noch einmal mein Gedicht „geradezu auf die mauer" aus dem Abschnitt „Gedichte lesen und verstehen". Ohne eine Personifizierung ist das Gedicht abstrakter und noch offener. Es ist ein Unterschied, ob ich schreibe „geradezu auf die mauer" oder „geradezu auf die mauer laufe ich". Einerseits ist das subjektlose Gedicht distanzierter, andererseits kommt es ganz direkt und unmittelbar auf die Leserinnen zu. Probiere es einmal aus und schreibe eins deiner Gedichte um – wie hat es sich dadurch verändert?

Überarbeiten: Erste Schritte

Wenn ich Gedichte verfasst habe, lege ich sie erst einmal für einige Wochen beiseite, um Abstand zu bekommen. Danach nehme ich sie mir wieder vor, um sie zu überarbeiten. Wenn du eine Leidenschaft für die Lyrik entwickelt hast, empfehle ich dir, tiefer in die Fachliteratur einzusteigen. Für die erste Bearbeitung kannst du dich aber an einigen Fragen orientieren:

- Sagt der Text das aus, was du ausdrücken willst?
- Hast du verständlich und lebendig/bildhaft formuliert?
- Gibt es Adjektive und Artikel, die du streichen kannst?
- Die Stille ist tiefer als die tiefe Stille!
- Was kannst du vereinfachen?
- Hast du auf Schreibfehler, Interpunktion und Grammatik geachtet?
- Hast du ungewollte Wiederholungen getilgt?

Meine Lieblingsdichter und was ich von ihnen gelernt habe

Von nahezu jedem Gedicht, das ich gelesen habe, habe ich etwas gelernt. Eine ganze Reihe von Dichterinnen und Dichter wären zu benennen – aber ich beschränke mich auf meine persönlichen Favoriten, die mich und meine Schreibart beeinflusst und geprägt haben. Deren Gedichte liebe ich, und ich lese sie immer wieder gern. Sie begleiten mich wie gute Freunde, bei denen ich immer wieder Neues entdecke.

Rainer Maria Rilke (1875-1926) war die Entdeckung meines Lebens, als ich mit ungefähr 20 Jahren tiefer in die Lyrik einstieg. Sein Wortschatz, das Spiel mit der Sprache und den Gedichtformen ist für mich immer noch Inspiration und beeindruckt mich stets neu. Auch sein Engel-Bild war prägend für mich und hat mich zu eigenen Gedichten inspiriert.

Von Peter Gosse (*1938) habe ich gelernt, dass sprachliche Opulenz im Gedicht wunderbar sein kann. Seine Art, Verse zu bilden, ist kompliziert und verlangt eine sehr konzentrierte Beschäftigung. Sein Wortschatz ist gigantisch und mannigfaltig, seine Art, Wörter zusammenzusetzen, ist einzigartig. Er hat mir den Mut vermittelt, sprachlich aus dem Vollen zu schöpfen und meinen eigenen Stil zu entwickeln.

Eugen Gomringer (*1925) verdanke ich meinen Zugang zur „Konkreten Poesie“. Er hat mich einen spielerischen Umgang mit Lyrik gelehrt: einfach mal herumprobieren und Freude an immer neuen

Konstellationen haben; faszinierend ist für mich die Einfachheit, hinter der sich so viel verbirgt.
Auch Hilde Domins (1909-2006) Gedichte berühren mich und bringen in mir etwas zum Klingen – ähnlich wie Rilke. Ihre Gedanken über Lyrik („Das Gedicht hört seinem Leser zu") haben meine Sicht auf diese Gattung verändert und mir dabei geholfen, mein Schreiben über meine kleine Welt hinauszutragen.
Wie die Exilschriftstellerin Rose Ausländer (1901-1988) ihre Heimatlosigkeit und innere Leere in Lyrik zu kleiden vermochte, ist fesselnd und rührt mich sehr an. Sie fand immer neue Bilder und schaffte es, ihre Sehnsucht und ihre Verluste in Verse umzusetzen, ohne jemals wehleidig oder anklagend zu klingen.
Erwin Strittmatter ist sehr bekannt, aber viel weniger Menschen kennen seine Frau Eva Strittmatter (1930-2011), die eine wunderbare Lyrikerin war. Sie ist für mich ein Vorbild für Reimgedichte, denn sie verstand es, harmonischen Klang mit inneren Nöten und Abgründen zu verbinden. Man hört das wohlklingende Gedicht und stellt erst beim zweiten Blick fest, was da eigentlich verhandelt wird.
Kobayashi Issa (1763-1828) ist mir der liebste der großen Haiku-Dichter, weil er wie kein anderer die kleinsten Getiere bedichtete und oftmals einen verschmitzten Humor in seine Haiku einbaute. Mit

Issa ist der amerikanische Autor David G. Lanoue zu nennen, der 10.000 Haiku von Issa ins Englische übersetzt hat. Ein deutschsprachiger Haiku-Dichter, der in der Tradition Issas steht und es schafft, diese mit unserer Neuzeit zu verbinden, ist Gontran Peer (*1957) aus Brixen. Von ihm habe ich das Wesen des Haiku zu verstehen gelernt und seine Gedichte haben mir einen neuen Blick auf meine eigene Haiku-Dichtung ermöglicht.
Jan Wagner (*1971) hat viele alte Formen hervorgeholt und mit neuem Leben gefüllt. Durch ihn habe ich Gedichtformen kennengelernt. Ich schätze es, dass er – ähnlich wie Issa – vermeintlich Banales in den Mittelpunkt seiner Gedichte rückt und ich dadurch einen anderen Blick auf den Alltag bekomme.

Der Abdruck diverser Gedichte aus dem Buch
Die Peripherie des Lichts erfolgt mit
freundlicher Genehmigung des
Wiesenburg Verlags, Schweinfurt.

Buchtipps Sachbuch

Hans-Jürgen Schlütter *Sonett,* Sammlung Metzler Band 177;
Robert Gernhardt *Was das Gedicht alles kann: Alles,* Texte zur Poetik Fischer Klassik;
Gerhard Grümmer *Spielformen der Poesie,* Verlag Werner Dausien Hanau (antiquarisch);
Andreas Thalmayr (Hg.)*Das Wasserzeichen der Poesie oder Die Kunst und das Vergnügen, Gedichte zu lesen*, Eichborn Verlag (antiquarisch);
Karl Otto Conrady *Der große Conrady: Das Buch deutscher Gedichte,* Artemis & Winkler (Ausgabe 2008);
Haiku Japanische Gedichte, dtv Taschenbuch, München 1994;

Konkrete Poesie:
Eugen Gomringer, *Theorie der Konkreten Poesie, Texte und Manifeste 1954-1997*, Edition Splitter (Gibt es nur noch Antiquarisch);
Visuelle Poesie, Reclam 1996;
Konkrete Poesie, Reclam 1972, 2001;

Zeitschriften

Poesiealbum *neu*, herausgegeben von der Gesellschaft für zeitgenössische Lyrik (GZL), Leipzig;
OdA Ort der Augen, Halle an der Saale,
SIGNUM, Dresden